U0905381

总主编 姜斯宪

INNOVATION

芬兰模式：
创新政策和治理经验

基莫·哈尔默（Kimmo Halme） 伊拉里·林迪（Ilari Lindy） 卡勒·比拉宁（Kalle A. Piirainen）
韦莎·萨米宁（Vesa Salminen） 贾斯汀·怀特（Justine White） 编著

王景丽 卜荣露 译

内容提要

本书为“全球科创中心出版工程”系列。原书由世界银行集团出版，介绍了芬兰的创新政策和治理经验，内容包括：芬兰的经济转型，芬兰的知识经济政策演变，教育作为竞争优势，创新政策实施，监管和评估投资，知识经济和全球化等内容。

本书可供政府相关管理者、政策部门、相关研究者参考借鉴。

图书在版编目(CIP)数据
芬兰模式：创新政策和治理经验 / (芬)哈尔默等编著；王景丽，卜荣露译. —上海：上海交通大学出版社，2016
全球科创中心出版工程
ISBN 978-7-313-14737-0

Ⅰ.①芬… Ⅱ.①哈… ②王… ③卜… Ⅲ.①技术革新-科技政策-芬兰 ①技术革新-经验-芬兰 Ⅳ.①F153.143

中国版本图书馆 CIP 数据核字(2016)第 068458 号

芬兰模式：创新政策和治理经验

编　　著：(芬)哈尔默等　　译　　者：王景丽　卜荣露
出版发行：上海交通大学出版社　　地　　址：上海市番禺路 951 号
邮政编码：200030　　电　　话：021-64071208
出 版 人：韩建民
印　　刷：上海颛辉印刷厂　　经　　销：全国新华书店
开　　本：710mm×1000mm　1/16　　印　　张：13.25
字　　数：238 千字
版　　次：2016 年 8 月第 1 版　　印　　次：2016 年 8 月第 1 次印刷
书　　号：ISBN 978-7-313-14737-0/F
定　　价：45.00 元

前　言

自2006年世界银行研究所(World Bank Institute)出版《芬兰知识经济模式:成功的因素和启示》(*Finland as a Knowledge Economy: Elements of Success and Lessons Learned*)以来,芬兰的技术和创新格局已经发生了翻天覆地的变化。在向知识经济过渡期间,信息技术和创新的崛起极大地促进了经济的发展,更是改变了全球各地的知识经济。

如今的芬兰在技术交流和联通方面已经取得了显著的成就,但是创新格局面临着多方挑战。对芬兰创新系统的评估结果显示,虽然其创新系统行之有效,但是其国际研究合作水平仅属于中等级别。此外,芬兰需要充分挖掘受过良好教育的众多移民的潜力,使其为创新经济的发展贡献力量。基于这一认知,芬兰政府在探索建立伙伴关系和合作框架,积极拓展其包容性,鼓励国际专家参与其中,以促进创业。芬兰政府也在努力发展与国际领先的创新中心之间的联系,与世界各地的创新社区一起共同学习。

芬兰的发展道路与其自身的历史息息相关,是独一无二的。其他国家很难轻易复制芬兰的成功蓝图,但是可以从芬兰的政策和管理框架中学到宝贵的经验和启示,其中包括政策实施的流程。因此,本书不仅分析了芬兰政策的内容(是什么),更致力于分析政策制定的过程(怎么样),即如何制定政策以应对全球化带来的挑战。正是两者的结合——过程和内容——真正揭示了芬兰成功的支柱和基础,为全球各地的政策制定者和实践者提供了值得思考的借鉴。

本书采取的研究方法非常实用,首先提出面临的挑战,然后解释具体的应对措施,以及措施背后的考量。发展知识经济的道路往往不是一帆风顺的,而是持续变革政策以应对全球化挑战的过程。很多国家有志于建立更具竞争力的经济体,而其收入水平高低不一。芬兰的发展故事是希望和实用主义的结合,其中有很多有趣的经验教训和案例研究,可供这些国家借鉴。芬兰的发展历程表明,在相对较短的时间内可以实现显著的变革。此外,也证实了在关键领域保持长期核心投资,同时持续调整发展道路、尝试新方法以克服障碍的重要价值。

愿所有的读者在阅读本书时和我一样乐在其中,并能从中学习丰富的经验和启示,尝试发展其自身的知识经济。

桑贾伊·普拉丹(Sanjay Pradhan)

变革、领导和创新副行长

世界银行集团

致 谢

本书是多个组织和个人共同合作的成果。专家小组在芬兰安博管理咨询公司(Ramboll Management Consulting)的协调下开展调查和研究,并撰写了本书内容。该团队以基莫·哈尔默(Kimmo Halme)为首,成员包括塔尔莫·莱莫拉(Tarmo Lemola)、卡特莉·海拉(Katri Haila)、基莫·维尔亚玛(Kimmo Viljamaa)、卡勒·比拉宁(Kalle A. Piirainen)、凯莎·拉特恩梅基-史密斯(Kaisa Lahteenmaki-Smith)、韦莎·萨米宁(Vesa Salminen)和汉内斯·托伊瓦宁(Hannes Toivanen,VTT 芬兰技术研究中心)。卢克·基柯基沃(Luke Gheorghiou,曼彻斯特商学院)、明娜·哈尔默(Minna Halme,芬兰阿尔托大学)和佩特里·罗维宁(Petri Rouvinen,芬兰经济研究所)审查了中期的书稿内容。世界银行研究所团队成员库尔特·拉森(Kurt Larsen)、贾斯汀·怀特(Justine White)、德里克·陈(Derek Chen)、纳塔利娅·艾格皮托维(Natalia Agapitova)、伊拉里·林迪(Ilari Lindy)和阿黛拉·安蒂克(Adela Antic)在尤甘达·拉伊·奈拉瑞(Yugandhar Raj Nallari)的指导下完成本书。

由马尔科·莱霍(Marko Laiho,芬兰就业与经济部)、本特-阿克伦德瓦尔(Bengt-Ake Lundvall,奥尔堡大学/巴黎政治学院)、斯蒂法诺·内格里(Stefano Negri,世界银行)、于尔基·普基尼恩(Jyrki Pulkkinen,芬兰外交部)、佩卡·伊拉-安蒂拉(Pekka Yla-Anttila,ETLA 芬兰经济研究所),莱因霍尔德·威格勒斯(Reinhilde Veugeler,天主教鲁汶大学)和蒂纳·维玛-普若维瑞(Tiina Vihma-Purovaara,芬兰教育和文化部)组成的国际顾问委员会为作者提供了宝贵的指导意见和创作方向。整个写作过程中，各领域的相关专家就本书的范围、焦点和内容进行了广泛的讨论和辩论，并定期审查、整理反馈意见。因此，本书最终版本的明晰性内容和聚焦点在很大程度上是国际顾问委员会深思熟虑的成果。

一系列大型活动都曾向与会者呈现本书的内容，供其研究讨论，其中包括由2013信息促进发展(InfoDev)全球论坛组织的于南非举办的SAIS工作坊，中东北非地区专业发展基金协会(FPD)在英国剑桥组织举办的活动"从研发到商业化之路——更高的生产率，更好的工作"，专业发展基金协会/技术教育机构(FPD/ITE)在华盛顿特区组织的会议"使经济增长成为现实：贯彻产业政策"，以及由韩国开发研究院(KDI School)和世界银行研究所联合组织的于韩国首尔举办的"案例研究：知识 & 学习工作坊"等。陈玉钙博士(Dr. Tran Ngoc Ca，越南科技政策国家委员会)、劳伦斯·克卢蒂(Laurens Cloete，南非科学与工业研究院，CSIR Meraka Institute)和在世界银行任职的埃斯佩兰萨·拉萨格贝斯特(Esperanza Lasagabaster)从用户的视角为本书的草案提出了重要意见。来自世界银行的蒂莫西·约翰(Timothy John)、查尔斯·凯利(Charles Kelly)、娜塔莎·卡皮尔(Natasha Kapil)和埃努布赫·维尔马(Anubha Verma)围绕重点领域从技术专家的视角审查本书的内容，包括信息通信技术、创新政策和教育等。

此外，谨向卡尔·达尔曼(Carl J. Dahlman)、约尔玛·罗蒂(Jorma Routti)和佩卡·伊拉-安蒂拉(Pekka Yla-Anttila)表示感谢，他们曾担任2006年世界银行出版发行的《芬兰知识经济模式：成功的因素和启示》的编辑，该书是芬兰系列的首份研究成果。在此还要感谢世界银行合作团队提供的行政支持，包括来自芬兰外交部的塞斯·艾尔斯(Seth Ayers)、埃伦德·弗瑞德(Ellen De Vreede)、约翰娜·卡瑞柯(Johanna Karanko)、马尔库·考皮宁(Markku Kauppinen)、马蒂·基瑟莉(Matti Kiisseli)和劳拉·特弗恩(Laura Torvinen)。世界银行出版与知识部的斯蒂芬·麦格罗蒂(Stephen McGroarty)、帕乌拉·斯卡拉布林(Paola Scalabrin)和瑞梅特·帕恩丘利(Rumit Pancholi)负责本书的出版和发行事务，而伊丽莎白·福赛思

(Elizabeth R. Forsyth)负责校对和终稿的编辑工作。

本书由世界银行研究所和芬兰外交部共同出资发行。最后向来自世界银行、公共部门、私营部门、学术界和民间组织的众多同事和工作人员表示诚挚的感谢,其见解和建议在整个项目过程中发挥了重大作用,始终引导作者的思考,激发作者的写作灵感。

供 稿 者

作者简介

卡特莉·海拉(Katri Haila)曾担任芬兰安博管理咨询公司的高级咨询师,专业领域包括评估、科学、技术、创新政策和生物科学。目前致力于有关芬兰科学和创新系统的系列项目,例如对芬兰科技创新战略中心(SHOK)的研究、芬兰技术研究中心(VTT)的评估、芬兰参与欧盟第六框架计划(the Sixth Framework Programme)利弊的评估、芬兰国家研发基金(Sitra)及其项目的评估等。2004 年至 2006 年,她作为评估办公室的负责人任职于芬兰赫尔辛基大学(University of Helsinki),从事研究评估工作。1999 年至 2003 年,在芬兰科学院(Academy of Finland)从事科学管理和科学政策方面的工作。20 世纪 90 年代,在赫尔辛基大学和丹麦曾担任不同的职位,从事研究和教学工作。截止到目前,海拉已经发表 44 项公开出版物,其中有 11 篇是经由同行审核并发表于国际期刊上的科技文章。

基莫·哈尔默(Kimmo Halme)担任芬兰安博管理咨询公司的常务董事。在国际、国家和区域层面的创新政策相关活动的设计、管理和评估方面拥有长达 20 余年的经验,对芬兰创新政策的规划、管理和贯彻实施机制深有体会。早期曾在芬兰科技政策委员会(Science and Technology Policy Council of Finland)工作。此外,他还曾作为顾问和创新政策专家为多个国际组织提供咨询服务,包括欧盟委员会、经济合作与发展组织、欧洲研究区与创新委员会、联合国工业发展组织、欧洲议会、世界银行以及其他组织机构。

凯莎·拉特恩梅基-史密斯(Kaisa Lahteenmaki-Smith)自1999年在芬兰图尔库大学(Turku University)完成其政治学博士论文以来一直从事芬兰公共部门评估项目的研发,专注于项目管理、评估工作、研究和创新政策的管理问题以及政策地域性方面的工作。2000年至2007年,拉特恩梅基-史密斯在斯德哥尔摩Nordregio研究中心从事北欧问题和欧洲评估方面的工作,之后作为咨询顾问任职于赫尔斯基网络效应有限公司(Net Effect Ltd.)和安博管理咨询公司。其评估项目包括对芬兰科技创新战略中心(SHOK)的评估(2012—2013)、芬兰国家研发基金(Sitra)的评估(2010—2011)、三个研发和创新项目(与葡萄牙的高等院校和研究机构以及美国的高等院校联合实施)的评估(2011),以及对芬兰技术研究中心(VTT)的评估(2010)。2013年11月至2014年10月,她一直在为芬兰总理办公室的政策战略研究部门设计一种新型的融资方式。

塔尔莫·乐莫拉(Tarmo Lemola)是芬兰安博管理咨询公司的资深顾问。曾担任芬兰领先咨询公司(Advansis Ltd.)董事会董事兼主席,以及芬兰技术研究中心(VTT)技术研究组的主管。作为研究员和顾问,他一直致力于各个层面——国际、国家、地区、区域和地方等——的技术前瞻、科技创新政策监管和评估、创新系统的发展、科技创新政策工具的设计和管理等工作。乐莫拉一直为欧洲委员会、经济合作与发展组织、世界银行、芬兰和其他欧洲国家的各级政府及地方当局、拉丁美洲(智利、秘鲁、乌拉圭)新兴经济体、部分亚洲国家(越南)和非洲国家(南非和坦桑尼亚)提供专业的咨询服务。已经出版和发表了很多关于创新、科技创新政策以及相关主题的书籍和文章。乐莫拉毕业于赫尔辛基大学,拥有社会科学理学硕士学位,曾是美国斯坦福大学访问学者。

卡勒·比拉宁(Kalle A. Piirainen)目前是北海风力发电服务业的发展集群项目的研究员。其专业领域主要为创新技术管理和前瞻性研究以及研发创新政策。比拉宁毕业于拉彭兰塔理工大学(Lappeenranta University of

Technology)，拥有该校技术和创新管理方面的理学博士学位，并荣获“荣誉毕业生”称号。

韦莎·萨米宁(Vesa Salminen)是芬兰安博管理咨询公司的咨询顾问。致力于评估不同融资工具和项目的贯彻落实情况和效果，尤其专注于研发创新政策领域。

汉内斯·托伊瓦宁(Hannes Toivanen)是芬兰知识经济和创新部技术研究中心(VTT)的首席科学家。在技术研究中心，他领导研究小组进行多项研究，如调查创新全球化、新兴经济体和发展中国家的创新以及科技的定量分析等。2000年至2004年，曾担任富布莱特(Fulbright)研究员。2004年获得佐治亚理工学院(Georgia Institute of Technology)博士学位。早期曾任职于芬兰就业与经济部(Finnish Ministry of Employment and the Economy)和拉彭兰塔理工大学，目前继续担任该校的副教授一职。托伊瓦宁在芬兰和部分欧洲国家的创新系统方面拥有长达15年多的工作经验，曾为多个国际组织工作，包括欧洲委员会、经济合作与发展组织、联合国非洲经济委员会、非洲联盟委员会、世界银行、部分非洲国家和巴西等。2011年至2012年，曾担任国际联合专家小组的共同主席，支持非洲—欧盟伙伴关系的信息社会通道建设。目前向各级政府就创新、信息通信技术和发展方面提出建议和意见。

合著者简介

卡勒·拉敏麦基(Kalle Lamminmaki)目前在芬兰安博管理咨询公司担任分析师一职，专业领域为区域政策、区域发展和创新政策。拉敏麦基负责评估、研究和影响评估等工作。

玛丽亚·梅里萨洛(Maria Merisalo)是芬兰安博管理咨询公司的咨询顾问。在公共管理方面经验丰富，尤其是市镇合并、服务发展和电子管理、知识经济、知识型发展、信息社会以及知识工作等领域。她的博士论文研究课题与电子管理和社会媒体相关。

基莫·维尔亚玛(Kimmo Viljamaa)目前是芬兰万塔市商业发展主管。

曾多次参与芬兰和国际研发项目，涉及领域包括研究、创新和经济发展政策等。也曾连续数年作为芬兰的国家通讯员在欧盟从事国家研究和创新政策等信息服务方面的工作。

关键定义

知识经济。不同于农业经济、资源型经济或传统的产业经济，知识经济的驱动力本质上来自知识和信息的创造、传播以及使用。从这方面而言，知识经济代表的是现代经济进化过程中发展的最新阶段，往往以信息技术应用日益增加、全球化、网络活跃和创新形式多样化为特点。

创新政策。创新是新方案的应用，用以满足新兴需求以及尚未言明的或现有的市场需求。通过市场、政府和社会可用的更高效的产品、流程、服务、技术、方案或理念达成上述目标。因此所有旨在帮助个人、公司和其他任何组织取得更好成就，进而促进经济增长、就业增加、可持续发展等更大社会目标实现的政策举措均属于创新政策。

创新政策工具。典型的创新政策工具包括通过标准、法规和公共采购支持教育、科学和研究，创造有利的框架条件（例如知识产权），促进融资，确定基准政策，推进合作和刺激创新需求。

创新系统和生态系统。创新系统是理解社会和经济体中创新本质的一系列概念，创新的本质即动态性和协作性。根据创新系统理论，创新是一个体系中各方参与者之间错综复杂关系相互作用的结果，包括企业、大学、研究机构和政府。往往从国家、区域、地方等层面分析创新系统，或者从行业层面、技术层面进行观察分析。创新环境的系统性本质有时被称为创新生态系统，以强调其自主性即自成系统的特征以及系统发展的变化性本质。

缩略语

ACE 企业家阿尔托中心(Aalto Center for Entrepreneurship)

BOP 金字塔底层(金字塔基层)(bottom of the pyramid)

BRICS 巴西、俄罗斯、印度、中国和南非(Basil, Russia, India, China, and South Africa)

COFISA 芬兰和南非创新系统合作框架(Cooperation Framework on Innovation Systems between Finland and South Africa)

ECTS 欧洲学分互认体系(European Credit Transfer and Accumulation System,用于比较高等院校学生成绩和表现的标准)

ELY Centers 经济发展、交通和环境中心(centers for economic development, transport, and the environment)

ETLA 芬兰经济研究所(Research Institute of the Finnish Economy)

EU 欧盟(European Union)

FINHEEC 芬兰高等教育评估委员会(Finnish Higher Education Evaluation Council)

FISC 芬兰信息安全产业集群(Finnish Information Security Cluster)

GDP 国内生产总值(gross domestic product)

HDI 人类发展指数(Human Development Index)

ICT	信息和通信技术(information and communication technology)
INKA	创新城市(Innovative Cities)
IS	信息社会(information society)
IT	信息技术(information technology)
MEE	芬兰就业与经济部(Ministry of Employment and the Economy)
OECD	经济合作与发展组织(Organisation for Economic Co-operation and Development)
PISA	国际学生能力评估计划(Program for International Student Assessment)
R&D	研究与开发(research and development)
RDI	研究、开发和创新(research, development, and innovation)
RIC	芬兰研究和创新委员会(Research and Innovation Council)
SADe	电子服务和电子民主行动计划(Action Program on eServices and eDemocracy)
SHOK	芬兰科技创新战略中心(strategic centers for science, technology, and innovation)
Sitra	芬兰国家研发基金(National Fund for Research and Development)
SLL	Siyhakhula 生活实验室(南非)(Siyhakhula Living Lab)
SME	中小型企业(small and medium enterprise)
STI	科学、技术和创新(science, technology and innovation)
STPC	芬兰科技政策委员会(Science and Technology Policy Council)
Tekes	芬兰国家技术创新局(the Finnish Funding Agency for Innovation)
TINTO	芬兰研究和创新委员会行政计划(RIC Action Plan)
VTT	芬兰技术研究中心(Technical Research Centre)

目　录

概　述

芬兰以其持续的经济增长、强劲的竞争力以及社会平等而闻名遐迩。但是在 20 世纪初，芬兰也曾经历过目前很多国家面临的挑战。芬兰在国际经济和政治动荡中获得独立。尽管地处偏远，自然资源相对匮乏，国内市场狭小以及近代深受战争和社会分裂的影响，但是芬兰成功实现了经济转型，从 20 世纪 50 年代的农业型经济到 21 世纪国际领先的创新驱动型和知识型经济，芬兰目前已经成为高科技的供应者。

本书介绍了芬兰走向知识经济成功之路背后的关键政策、因素、举措和决策。本书旨在激发读者灵感，为读者提供有价值的理念和解析，以应用于其他情境。本书作者在第三章至第八章从六个领域逐一介绍芬兰经济发展的经验和启示（见图 0.1）。本书不应被视作科学研究和全方位的研究，而应该被视作“知识经济菜谱”，提供案例、链接和解析，供读者进行进一步探索。本概述按章节综述全书的关键问题和研究结果。

导论：芬兰经济转型（第一章）

20 世纪 90 年代之前的产业转型

在欧洲各国中，芬兰属于后起之秀。1809 年至 1917 年期间，芬兰是沙俄统治下的一个自治大公国。19 世纪中期，芬兰总人口约 160 万，经济模式为

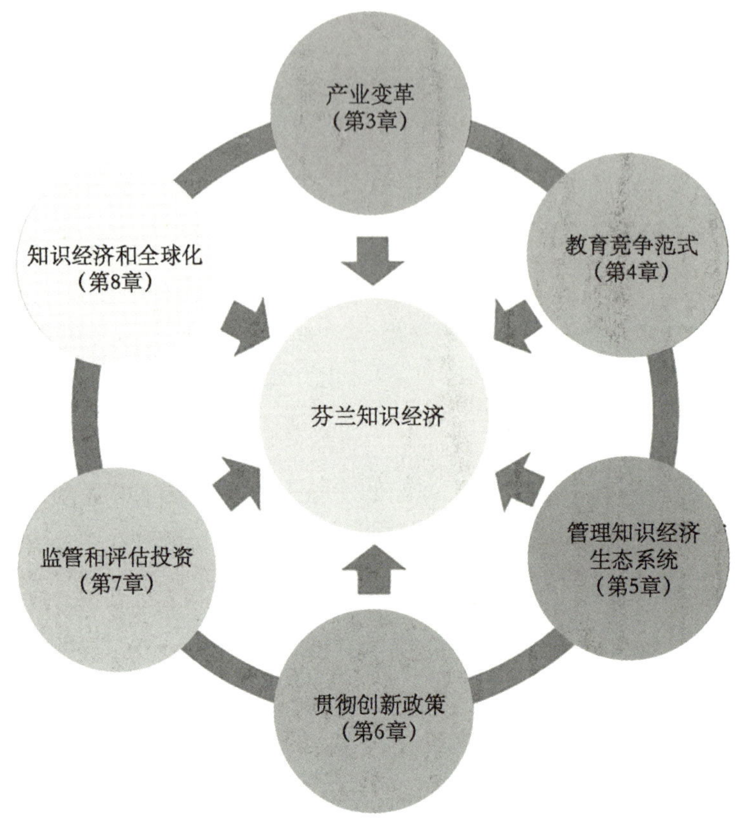

图 0.1　六大领域的经验启示

落后的农业经济。然而 19 世纪中期也是芬兰历史的转折点，标志着芬兰产业化的开端，在基础设施、银行业、教育和金融机构等领域的改革陆续展开。

两次世界大战期间，芬兰努力追赶西方经济体。然而，这一时期国家、政治和社会分裂的境况也愈演愈烈，最终导致 1918 年的芬兰内战。沿着冲突线芬兰出现了国家分裂，直到第二次世界大战才实现统一。迟至 20 世纪 50 年代，芬兰经济依然是以农业为基础，也在努力从战争的阴影中恢复常态。巨额的战争赔偿（大部分以物资、机器、设备和船舰的形式赔付）极大地促进了战后的产业化进程。战后的产业化和福利待遇的改善是芬兰能够提升国民教育水平和跻身世界教育程度最高国家行列的重要原因。自此，社会凝聚力高度统一，政策环境稳定，基础设施水平优良。向知识密集型经济转型的种子此时业已种下。

20 世纪 90 年代早期，苏联分崩离析，而芬兰也面临着经济危机的挑战。芬兰深受经济衰退影响的原因有两个：其一，苏联曾经是芬兰消费品的主要出口市场，因此芬兰大部分经济因苏联瓦解而遭受重创；其二，金融危机击中芬兰经济过热的要害，芬兰政府采取措施以开放金融市场，造成重大信用违约和银行危机。

在这种背景下，芬兰在 20 世纪 90 年代迎来了其经济的转折点，从投资驱动型经济转向创新驱动型经济。影响芬兰经济未来发展的重要决策也是在这些饱受苦难的时期推出的。首先，经济开放，重新定位芬兰在世界市场中的位置；其次，更加注重微观经济政策以提升竞争力；再次，新建芬兰科技政策委员会，设定由信息通信技术驱动的经济发展日程，并开创"国家创新系统"。正是由于芬兰科技政策委员会（STPC）设定的日程，研发机构和高等教育机构才有更多的可用资金。

信息通信技术和研发创新投资的作用

20 世纪 90 年代经济衰退期间，芬兰政府将公共投资集中在信息通信技术领域。其时，依然实现发展和增长的行业凤毛麟角，而移动通信领域便是其中之一。在严重经济危机之际，芬兰政府作出重大决策，实施紧缩的财政措施，削减除研发创新投资（RDI）以外的公共开支。后来的事实证明，这些决策有利于信息通信领域的发展。自 20 世纪 90 年代中期以来，芬兰的经济飞速增长（见图 0.2）。信息通信技术领域以诺基亚为旗舰产品，处在芬兰经济发展的中心位置。

20 世纪 70 年代和 80 年代，芬兰政府积极采取措施发展数字化技术和移动通信技术。数 10 年来，国家向私营企业、公共机构和高等院校联合开展的研究项目提供资金，大力投资国内技术和生产能力建设。此外，芬兰政府还采取相关举措扩展大学电子信息技术方面的学位项目，引导政府向国内企业采购技术方面的产品和服务（Sabel and Saxenian, 2008，55）。另外，信息通信技术领域也受益于公共财政支持以及与公共研究机构、国家技术机构、高等院校、其他教育机构和私营企业之间的广泛合作。芬兰信息通信领域快速发展,又恰逢北欧电话市场的开放(世界首例,欧洲和全球的电话市场开放紧随其后),所以芬兰的信息通信技术行业(尤其是诺基亚)处在有利地位(Sabel and Saxenian, 2008,55)。政府的角色很明确,既是技术的开发者(政府作为客户),同时又是发展条件(基础设施、资金和法规)的主要创造者。

图 0.2 1971—2011 年芬兰和经济合作与发展组织(OECD)—欧洲的国内生产总值(GDP,按照支出计算法)增长

资料来源:经济合作与发展组织数据(stats.oecd.org)。

新型知识经济

在 2008 年全球经济危机到来之前的 20 年中,芬兰经济发展的主要特点是无形资产(教育、科研创新和工作的组织管理)投资激增以及国家知识基地的综合建设。所有这些措施都极大地促进了生产力的提升,有利于重新定位和聚焦就业增长点,即转向生产率更高的知识密集型的行业,并更高效地利用财政资源。以诺基亚为首的电子产业呈现奇迹般的增长,一跃成为芬兰最大的行业和最大的出口商,这是近年来广为人知的例证。然而,电子和信息通信技术产业并非在这一时期获得飞速发展的唯一领域。几乎所有工业和其他领域都实现了发展:生产力水平得到提升,开发了新产品,出口量增加。

近年来,由于智能手机的重要性日益凸显,诺基亚的手机业务迅速衰弱,苹果、三星等竞争对手已经赶超了诺基亚，给诺基亚以措手不及的一击。2013 年夏，诺基亚公司以极低的价格将其手机业务转售给微软公司。只是短短数年，诺基亚手机业务的转售价格已大大低于数年前。此时人们开始提出种种疑问：芬兰的知识经济将何去何从？芬兰政府的政策是否过度关注一些领先的工业部门？

幸而生态系统不仅仅局限于一家公司或一种产业，其涉及范围更广泛，层次也更深刻。过去的数年中，芬兰的信息通信技术行业已经不再生产实体产品，转而提供服务和软件。其硬件生产已经转移至低成本国家，而知识密集型产业和需要高等教育专业知识的产业已经成功地维持了其市场地位，有的产业甚至出现增长的可喜局面。而传统制造产业，尤其是机器和设备制造业，也经历了类似的转型，目前很多龙头企业聚焦于服务和有形产品（见图 0.3）。

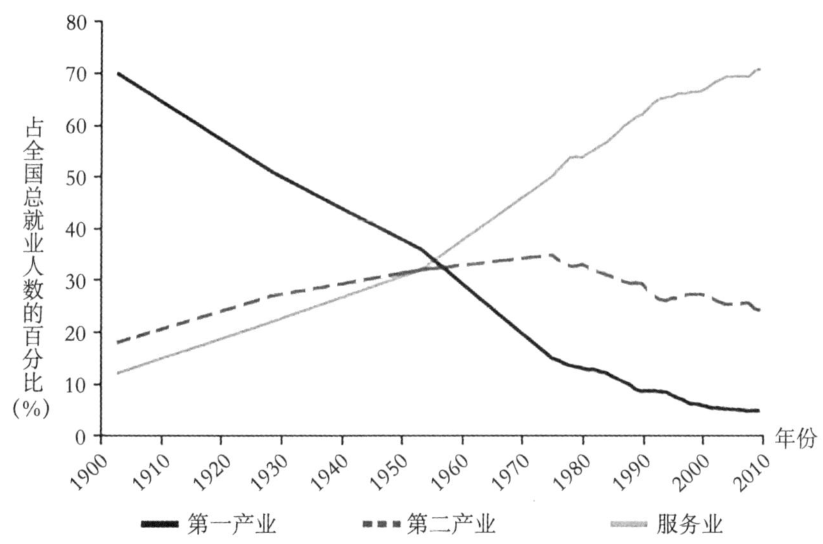

图 0.3　1900—2010 年芬兰第一产业和第二产业及服务业的就业人数占全国总就业人数的百分比

资料来源：帕亚里宁（Pajarinen）、罗维宁（Rouvincn）和伊拉-安蒂拉（Yla-Anttila），2012。

背景:芬兰知识经济政策的演变(第二章)

芬兰知识经济的发展经历了不同的阶段,每个阶段都有各自的基础、目标、参与者和工具(见表 0.1)。大多数发展背后的关键政策均于 20 世纪 60 年代中期颁布实施,开启了教育和研发基本结构大变革的时代,而技术推动发展的时代紧随而至,聚焦于信息通信技术的高强度开发和应用。这一时期的乐观局面、迅速发展的国家网络和强劲的经济增长在 20 世纪 90 年代初意外地戛然而止,其时芬兰陷入严重的危机之中。从知识经济的角度而言,知识经济时代起始于 20 世纪 90 年代末,最初的目的是使芬兰摆脱经济衰退的影响。全球化开始于 21 世纪初,直到现在仍然主导着芬兰制定知识经济政策和运营的思维方式。

表 0.1 芬兰知识经济的发展阶段

指标	基本结构的变革(1960—)	技术推动(1980—)	摆脱经济衰退(1990—)	全球化背景下的知识经济(2000—)
政策运行基础	国际贸易自由化	“微电子革命”	从经济衰退中恢复过来	全球化
主要目标	建立新的政策部门	抓住新的技术机遇	加快知识型增长	发展成长型企业
政策焦点	教育、科学	技术	国家创新系统	创新、创新系统
关键参与者	芬兰教育与文化部、芬兰科学院	芬兰国家技术创新局(Tekes)(技术和创新基金组织)	芬兰科技政策委员会(STPC)	数个参与者
预期的结果/影响	国家竞争力	高科技产品的增长	就业增长	新兴创新增长型企业
干预水平	全国	全国、区域	区域、跨国(欧盟)	全国、地方
工具代表	项目融资	国家技术项目	欧盟研发资金资源	芬兰科技创新战略中心(SHOKs)

是否存在芬兰模式的创新政策或创新驱动经济发展的成功公式呢？的确有，但是却有很多附加条件：第一，芬兰的成功并不主要归功于政府的政策和干预，芬兰的企业一直处在创新驱动发展的最前沿；第二，虽然芬兰的历史、文化、行政管理传统、政治背景和产业化过程影响着国家的政策和管理方法，但是芬兰也大量借鉴了其他组织和国家的政治理论、体制模式和组织模式；第三，由于创新政策需要应对全球化的竞争，各个国家的创新政策日益趋同，好的做法在国家间快速传播，更何况是"最佳实践"。各个国家的创新政策在不断融合。

芬兰政府在一些情况下扮演着非常重要甚至是核心的角色，但总体而言，芬兰体系很大程度上并非是由政府主导，而是由企业主导，以企业为中心。政府的主要定位是协调者、推动者和共享平台的创建者，而共享平台服务于决策的制定以及研发优先等级的设立。专栏 0.1 描述了第二章的关键信息。

专栏 0.1

第二章中的关键信息

- 公私机构和产业结构的重大经济转型和变革是有可能实现的，但是往往需要强烈的政治意愿和利益相关方的高度共识。这种团结一致、共同努力的局面往往由经济动荡或危机时期的必要性而触发。因此，经济危机同时也为变革和革新提供了机遇。
- 实现经济转型不是一朝一夕便可完成的，需要时间、耐心、长远的眼光以及知识经济所有利益相关方协调一致的行动。
- 芬兰体系的转型在很大程度上是由私营部门的需求驱动的，私营部门与政府密切合作。政府在协调和促进变革过程中发挥了重要作用。此外，在创建共享平台以制定知识经济决策、划分优先等级方面也扮演了重要角色。
- 芬兰政府密切关注先进国家的发展模式，以及可以从中借鉴的经验和启示。芬兰在很大程度上借鉴了其他组织和国家的政治理论、体制模式和组织模式。

- 在知识经济方面取得的进展带来了许多有利的附带影响。随着信息社会的发展,市场经济充满活力,竞争力日益增强,成熟健全的福利体系在很大程度上有利于技术创新的发展,甚至是以技术创新为基础。
- 由于每个国家的特点不同,没有放之四海而皆准的解决方案。但是可以在一些领域借鉴芬兰经济发展的经验和启示。

产业变革(第三章)

芬兰是一个小型的知识型经济体,受国际竞争和全球影响的程度日益加深。尽管芬兰的整体实力有所提升,但是依然面临着众多国内外的挑战,并努力维持其在国际市场上的地位。全球竞争激烈程度显著加剧,新兴经济体挑战着芬兰作为竞争力驱动型和知识驱动型经济体的地位。而这些挑战就是第三章探讨的内容。

芬兰信息通信技术产业已经从生产产品(硬件)转向提供服务(软件和数字化服务)。之前已经提及,芬兰已经将硬件的生产转移至低成本国家,而在需要高等教育专业知识的知识密集型领域已经成功地维持了其现有的市场地位,甚至有所增长(Hernesniemi,2010)。

那么经历结构调整之后信息通信技术产业留下的是什么呢?首先,尽管因为结构调整,一些部门(以及一些地理区域)的大量就业岗位流失,但是芬兰的信息通信技术部门依然十分强大。事实上,由于信息通信技术服务和软件的发展,信息通信技术部门依然为就业作出了显著贡献,创造了大量的就业岗位(见图 0.4)。

迅速发展的游戏产业便是很好的例证,尤其是两家龙头企业,即 Rovio 娱乐有限公司和 Supercell 游戏开发公司。其中 Supercell 游戏开发公司于 2010 年成立,以近 15 亿美元(几乎是诺基亚出售价格的 1/3)的价格售予日本投资商。尽管这个行业还很年轻(平均年龄为 3 年),但是发展非常迅速,2012

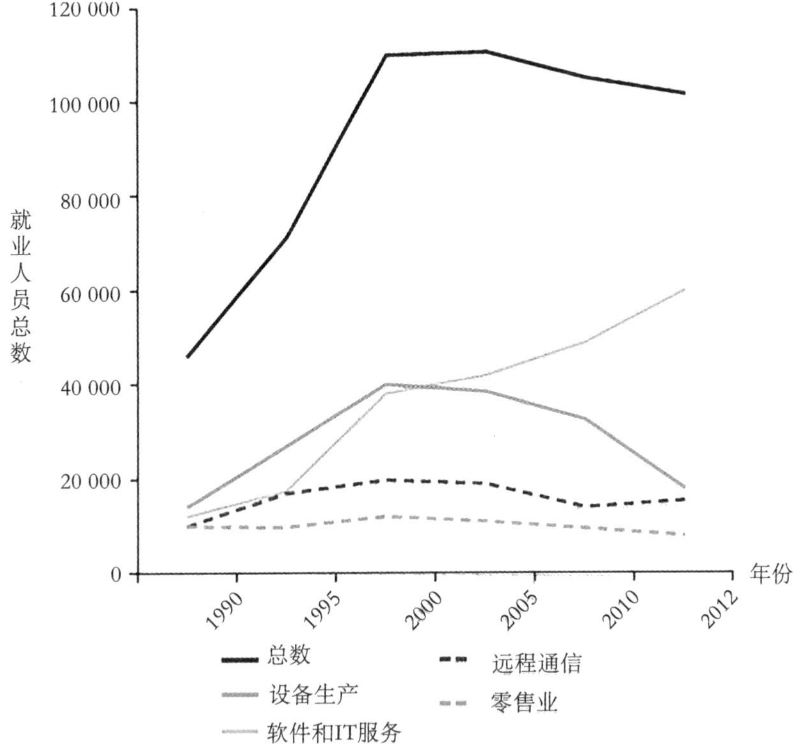

图 0.4 1990—2012 年芬兰信息与通信技术领域的就业情况（按照类别）

资料来源：基于阿里-雅克（Ali-Yrkko），2013；芬兰统计局数据。

（https://www.tilastokeskus.fi/index_en.html）

年的增长率达到 200%。据估计，2013 的总营业额可达到 8 亿欧元（2012 年的总营业额为 2.5 亿欧元）。此外，美国艺电（Electronic Arts）、爱立信、谷歌、华为、英特尔、微软、三星等众多跨国企业已经将其部分运营业务或研发部门设立在芬兰。在软件和游戏行业方面，芬兰被称为“下一个硅谷”，但这仍然有待实现。

第三章的关键信息是经济危机和结构转型会影响到融入全球市场的所有经济体，因此了解全球趋势、视变化为机遇在政策规划方面至关重要。国家的命运取决于如何准备和应对挑战。在变革时期，国家系统（研究、创新、教育和经济政策）做好相应的准备以迎接即将到来的转型非常重要。国家不应只强调经济中的单一部门，而不准备替代方案。很难直接通过政府举措创造良好的条件来支持和促进创业发展。然而，正如本书所表明的，公共部门可以创造良好的环境，支持多种形式的创业，并鼓励新兴创新型企业寻求在国际市场上的发展。芬兰在具体实践中是怎样应对的呢？本章节通过众多案例予以阐释，包括协作型项目创新工厂、维哥（Vigo）企业加速器和德莫拉（Demola）开放创新平台等。专栏 0.2 介绍了第三章中的关键信息。

—专栏 0.2

第三章中的关键信息

- 所有对外开放的经济体受国际竞争和全球影响的程度日益加深，尤其是小型的知识型经济体。其追求的目标不是避免竞争，而是要提升和保持竞争力。因此，了解全球趋势、视变化为挑战对政策规划而言至关重要。国家应该持续进行经济变革，并时时为经济变革做好相应的准备。
- 提升经济整体生产力、加强竞争力、吸引投资者是一个长期的过程。总体而言，相关的横向规划应该跨越数十年，而不是仅仅数年，且没有捷径可走。
- 此类转型呈现出典型的特点（如无形资产投资增加和知识型服务需求增长等），可用于预测变革、进步或发展的具体阶段。
- 有时技术范式的变革会为快速发展提供良好机遇。广义上而言，信息通信技术在芬兰向知识经济转型的过程中扮演了重要角色。20 世纪 90 年代，芬兰政府支持信息通信技术部门的快速增长，并借助其力量发展知识经济。现在信息通信技术依然在芬兰经济中发挥着重要作用，但已经不再是政府干预经济的工具。

教育竞争范式（第四章）

教育投资是知识经济的基础。为建立教育体系的基础，芬兰自独立以来便开始有系统地投资教育领域，而且投资力度很大。除此“大局”之外，芬兰教育成功的因素还包括立法、政府指导、教师培训和综合教育体系。

称职的教师是高质量教育的起点。在芬兰，教师是一项非常有吸引力的职业。仅10%的申请人会被录取攻读师范教育学位。芬兰教师受教育水平很高，且备受尊重。

每个人都有机会接受教育。芬兰为所有公民提供平等的受教育机会（不分年龄、住所、经济状况、性别或母语）。免费提供各个水平的教育，从学前教育至高等教育。芬兰女性受教育水平普遍较高。芬兰不设男校和女校。

基础教育是综合概念。基础教育包括教学材料、学校供餐、医疗保健和牙齿护理等，所有这些都是免费提供。

学校网络呈区域性扩展。芬兰各地教育质量均等，教育质量与学校所处的位置无关。芬兰地方当局有法定义务为居住在本市的儿童提供基础教育。大多数学生可以就近入学。

芬兰教育体系聚焦于终身学习。这就意味着芬兰人在完成义务教育之后可以继续接受更高水平的教育。教育没有终点。

芬兰教育成效显著。芬兰人受教育水平普遍较高，而且接受良好教育的人群就业率非常高。2010 年，15 至 64 岁的人口就业率达到 69%；获得高等教育学历的人口就业率甚至达到近 84%。具备专科及以上学历水平人口的就业率创历史新高。例如，2010 年博士的就业率达到 90%以上。

对教育体系的管理已经从控制转向自治。各级教育机构高度自治。审查学校的制度曾对芬兰学校的发展具有重要意义，但是在 20 世纪 90 年代予以终止。目前教育质量的保证基于法律规定的目标、国家核心课程和资格要求。在芬兰，教育工作者有法定义务评估其自身的活动，并参与外部评估。

将来需要采取措施应对人口老龄化的需求、提高教育体系效率、加快转型步伐以及缩短研究学习时间。日益全球化的劳动力市场要求更密切的国际合作，共同探索相关模式以预测未来的教育和技能需求。此外，需要在各层级推行更好的创业教育。专栏 0.3 概括了第四章中的关键信息。

—专栏 0.3

第四章中的关键信息

- 强大的教育基础是知识经济的重要支柱。
- 芬兰教育政策强调综合性和平等性（不分年龄、住所、经济状况、性别或母语）。知识经济需要储备大量受过良好教育的专业人才。
- 不应期望一蹴而就：改善教育基础需要长期有系统的投资。
- 称职的教师是教育体系成功的起点。
- 强大的法律基础和有效的引导（不削弱学校的自治程度）对保证教育的高质量具有十分重要的意义。
- 经济和社会的教育需求变化相对较快：应该建立灵活的教育体系，能够快速调整。应该提供终身学习的机会，支持和促进各个教育水平的终身学习。
- 在教育各领域推进创业培训和鼓励校企协作的重要性日益凸显。

管理知识经济生态系统（第五章）

芬兰国土面积狭小，资源相对短缺，因此各领域、各部委、各公私部门储备稀缺资源是内在需求。这需要各方参与者从战略层面的议程设定到实际的操作管理达成共识，协调行动。芬兰知识经济发展模式的关键特征之一是教育、研究和创新政策日程的系统性、协调性和参与的广泛性。

国家的成功有赖于其各方面的能力：创造和应用新信息的能力；发展高质量技术和商业竞争力的能力；了解市场的能力等。这已成为芬兰社会各界的广泛共识。因此，芬兰选择投资发展知识和技术。另外，教育、研究、技术和创新的发展已经上升为“国家项目”。芬兰政策议程的关键优势之一是长期以来各届政府政策的持续性和一致性。

以研发和信息通信技术为中心的重大活动早期曾在芬兰国家战略内容中居主导地位。目前除了以研发和信息通信技术为中心的活动以外，芬兰已采用涉及范围更广泛的新模式，创新活动涉及社会生活的方方面面。在这种模式下，知识经济成功的关键是综合利用物质、人才和社会资本。

从设定发展日程的角度而言，考虑如下方面的问题至关重要。

第一，芬兰将建设知识型经济体列为国家战略，在该问题上达成广泛共识，并获得各方支持非常重要。此共识已经持续20年之久，基本发展模式相对稳定，这都得益于历届政府执政过程中保证政策的持续性。虽然近年来政府大力削减财政预算，但是教育、研究和创新政策的重要地位依然保持稳定。

第二，芬兰各级政府、议会和各机构从长远的角度制定政策，采用预测流程支持政策的制定。不仅仅在制定各项独立政策时以前瞻性为指导，在制定涉及范围广泛的国家发展日程时亦是如此。这是芬兰模式的显著优势。

第三，在国家层面和战略层面上，芬兰教育、研究和创新政策的协调统一极大地促进了芬兰知识经济的发展，尤其是得益于高层协调机构——芬兰研究和创新委员会(RIC)所做的工作。专栏0.4总结了整个过程中的主要参与方和机构。

第四，另一个非常关键的方面是重视教育政策，并将其纳入国家战略。芬兰政府一直高度重视高等教育和高质量的基础教育。芬兰人通过努力可接受高等教育，而每个芬兰人都享有接受基础教育的机会。专栏0.5综述了第五章中的关键信息。

专栏0.4

芬兰知识经济的参与方和机构

芬兰知识经济的参与方和机构可大致分为三类：①负责制定政策和战略的机构；②负责提供资金和支持的机构（“推动者”）；③研究和教育机构（见图0.5）。此外，还建立了不同类型的“平台”以促进各参与方之间的协作。

芬兰研究和创新委员会(The Research and Innovation Council)负责芬兰科技政策的战略发展和协调工作，以及整个国家创新系统的协调。由芬兰总理担任主席，成员包括所有的主要部委和各参与方的代表。

芬兰国家研发基金(Sitra)是独立的公共基金组织或智库，直接向芬兰议会汇报。芬兰国家技术创新局(Tekes)负责研发和创新活动(既包括企业也包括研究机构)的资金业务，向芬兰就业与经济部报告。芬兰科学院(The

Academy of Finland)负责学术研究的筹资,向芬兰教育与文化部汇报。芬兰官方出口信贷机构(Finnvera)是一个国家所有的专业金融公司,向寻求发展和国际化的企业提供信贷和贷款业务,其子公司——维拉风投(Veraventure,基金),维拉种子投资(Seed Fund Vera,直接投资)和芬兰产业投资(Finnish Industry Investment)——向私营企业和基金组织提供政府风险投资。15个经济发展、交通和环境中心(ELY centers)负责中央政府发展任务在各地区的贯彻落实工作,处理企业融资和发展服务相关事宜、基于就业的援助和劳动力市场培训等工作。芬兰贸易、国际化和投资促进总署(Finpro)和芬兰工作组(Team Finland)负责促进贸易、投资和芬兰企业的国际化发展。

研究和教育机构包括近20个公共研究组织(例如,芬兰技术研究中心、芬兰统计局和芬兰环境研究院等)、14所大学和25所专科院校。芬兰科技创新战略中心(SHOK)是芬兰公私合作伙伴关系的产物,任务是加快创新流程以及促进学术研究和私营研发活动之间的合作。创新城市计划(INKA)旨在打造具有国际吸引力的地方创新中心,并加强公私领域间的合作。

本书的结尾处会列出各方参与者的名单。

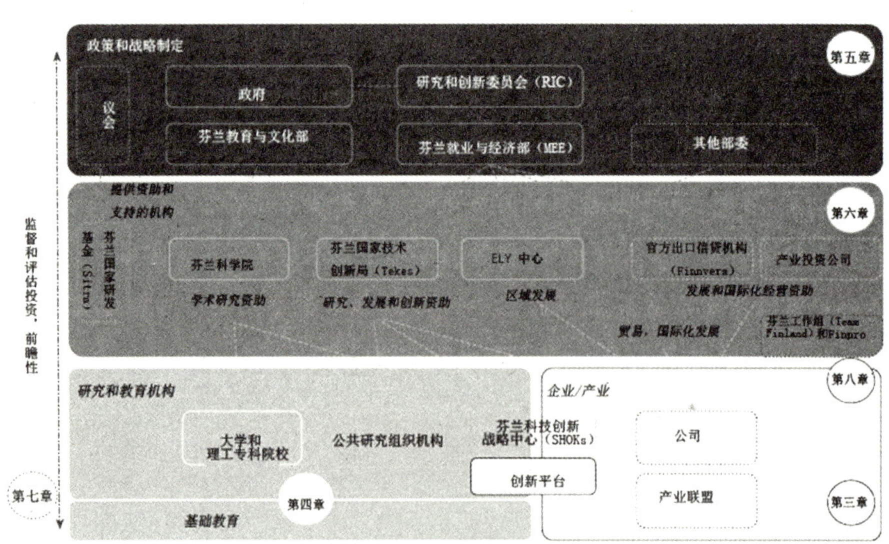

图 0.5　芬兰知识经济系统

注:Finpro:芬兰贸易、国际化和投资促进总署。

—专栏 0.5

第五章中的关键信息

- 芬兰知识经济的管理模式非常重视关于未来的共同愿景、政策规划流程的协作性以及各环节利益相关方的广泛参与。同时这种模式也有可能提高政策的一致性、稳定性和可预测性。
- 芬兰国土面积小，可用资源匮乏，更进一步凸显出在战略水平上达成广泛共识、联合做好相关准备和利益相关方广泛参与的重要性。此外，从长远角度出发，将教育政策列为国家战略也至关重要。
- 芬兰面临着一项隐形的挑战，即基于高度统一共识的模式是否为“发散思维”预留了足够的空间，进而是否会影响到剧烈变革和创新的萌芽。同样地，在有需要的情况下，这样的模式是否允许颁布和实施激进的决策。大胆的政治决策往往诞生于危机期间，而危机期间协调一致的决策往往不足以解决问题。
- 将广泛全面的战略付诸实施需要系统性的流程和贯彻方式，也离不开各方的参与和支持，需要协调中央各部之间的关系以及各政策部门之间的关系。

贯彻落实创新政策（第六章）

知识经济政策涉及很多不同的领域，而高效贯彻落实知识经济政策需要有效的组织结构和适当的政策工具。在芬兰，政府各部不再负责“贯彻落实的功能”，也不再负责具体的政策实施工具，这些工作已经由专门的机构负责，目前政府各部以制定相关政策为工作重心。

芬兰创新政策的贯彻模式以分散式为基础，尽管其财政资源相对而言是集中统一管理的（尤其是通过芬兰国家技术创新局统一调配）。对于地域多元化的国家而言，这种集中融资模式也许是最可行的方式，也可以确保从战略大局出发。

尽管由于资源日益稀缺，集中管理资源非常重要，而且有效性和高效率也是重要的考核标准，但芬兰显然也很重视多样性和创新来源的多元化。多种融资方式和创新来源可以为研究和创新社区注入新的活力，促进其多样性的发展。正因为此，不能过度精简政策贯彻流程。芬兰国家技术创新局和芬兰科学院采用不同的战略，而这也是正确的做法。但是保证最大限度地利用创新和专业知识的各种资源、积极开展对话和两者间的密切协作是必不可少的。

产业利益和学术利益二元对立的问题已经在很大程度上通过芬兰国家技术创新局和芬兰科学院的职责分工得到了解决，卓越中心和芬兰科技创新战略中心便是有力的例证。应该尝试通过实施项目以协调学术利益和产业利益。在这方面，芬兰科技创新战略中心进行了首次试验，两种融资方式、两种战略并存。这项工作仍然在进行中，但是提供充足的财政激励因素以及向双方开放相关的管理结构可以帮助实现该目标。研究与创新委员会可以在这方面发挥关键作用。

芬兰政府干预经济的程度一向很高，尽管人们对此有所争议。主要的争议点是政府干预的本质以及面临市场失灵时政府自我约束的程度，或者采取积极主动的举措，甚至直接决定市场参与者的成败。在这方面可以以芬兰科技创新战略中心为例进行说明：显然其结构更具包容性，为研发和创新（RDI）体系中全力投入的各参与者和各组织机构提供成功的机会，从企业到研究组织。

芬兰一些专家组织和政府公共机构的职能有所重叠交叉，是引发热烈争论的根源。尽管芬兰的系统远非完美，但是芬兰的经历提供了大量的经验教训和启示，尤其是在透明性需求、职责角色分工明确以及在贯彻落实（第六章）、规划引导（第五章）和监管评估（第七章）之间寻求平衡等方面。专栏 0.6 综述了第六章中的关键信息。

专栏 0.6

第六章中的关键信息

• 芬兰政策贯彻模式的一个关键因素是在科学、研究、创新资金和政策实施中寻求平衡并保持平衡，具体体现为以下方面：①私人融资和公共投资；②研究机构的竞争性资金和基本资金；③自上而下（战略）和自下而上（自由放任式）融资；④融资和政策贯彻模式的集中式（国家）和分散式（区域或省级）。

- 在芬兰，与知识经济相关的政策制定和政策实施已经分离开来。政策落实工作已经交给专门的实施机构，它们具备丰富的专业经验，拥有一系列完备的工具。如此一来便分工明确，事实证明这是贯彻落实政策的有效途径，并可以确保实现各方面的政策目标。
- 芬兰科技创新战略中心这一实例值得探究，该机构尝试把大规模公私合作伙伴关系和强大的产业领导者结合起来，将强有力的战略优先等级和远大的科学抱负结合起来，将长期竞争力的发展和中长期产业的变革结合起来。

监管和评估投资（第七章）

保证制定政策的有效性既需要政策本身重点突出，又需要高效地贯彻实施。在实践中，很大程度上是通过以下方式提高有效性的：系统性的监管和评估；政策制定者吸取自身和他人经验教训的意愿，并根据具体情况调整政策。另外，监管和评估对提高整个系统的透明性和合法性也至关重要。

政策学习是芬兰政策制定流程的组成部分，涵盖各个层面，从机构到个人。也许针对不同的机构和项目开展周期性评估是最重要的学习方式。

尽管芬兰的政策学习实践可能在理论上或技术层面上并不是尽善尽美，但是其系统和实践随着时间的推移在不断发展。芬兰政府从大局出发，发展国家统计学，对整个创新系统进行评估，所有这些工作为发展更复杂的监管和评估体系奠定了坚实的基础。此外，培养开放的评估文化需要一定的时间。以芬兰为例，评估工作在20世纪70年代缓慢起步，20世纪80年代和90年代得到普及，直到2010年才实现制度化。通过调控工作组或参与式评估战略等方式可以促成良好的开端（见图0.6）。

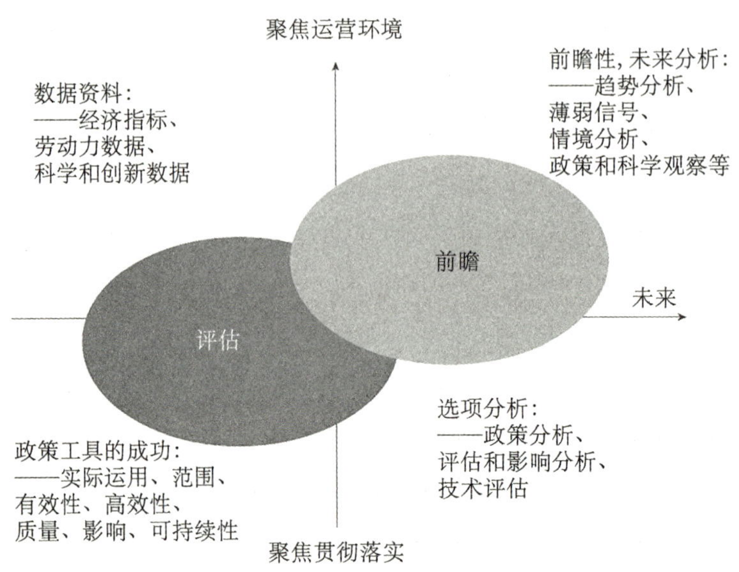

图 0.6　政策制定评估和展望

资料来源：芬兰科技政策委员会（STPC）。

通过吸取自身和其他国家的经验教训，芬兰的政策制定流程得到了大幅改善。如前所述，芬兰吸取经验教训不仅体现在制度层面，还体现在直接制定基准线方面。设定基准线是芬兰政府干预经济的重要手段。例如，在准备芬兰科技创新战略中心项目时，了解全球各地类似卓越中心的基准设置，相关信息非常全面，目的就是找到贯彻落实的最佳实践。在制定政策干预措施时，基准设定或经验借鉴已经变得非常重要。从部长级到私人层面，难以评估与众多国际组织开展交流合作的重要性。但是芬兰在这方面非常活跃，众多芬兰官员在任期间常常访问欧盟、经济合作与发展组织和联合国等国际组织，并参与欧盟的政策准备工作。

最后非常重要的经验启示体现在两个方面。其一，对制度、政策、工具和项目的公正评估具有潜在的价值，原因在于这可以向相关人员提供关于政策措施的反馈意见。此外，如果开展的评估工作公正而坦率并将评估结果公之于众，可以间接促进政府透明度的提高。其二，将评估的机会加入政府政策结构中有利于政策学习。例如，可以在制度和机构管理中加入评估机制，可以将出访国际组织列为政府官员职业生涯的重要组成部分，而加入国际组织和委员会可以开辟新道路，进而在制定决策的过程中重视新创意和反馈意见。专栏 0.7 总结了第七章中的关键信息。

专栏 0.7

第七章中的关键信息

- 对知识经济及投资进程的监管和评估对于政策学习而言具有重要意义。监管和评估可以提高透明性、公共投资的有效性和改善政府管理。
- 在芬兰，公共支出的所有领域均为系统监管和评估的对象。
- 建设开放评估文化的投资回报周期较长，具有长远利益：如果评估做不到真正的有见地，做不到公开征集批评意见，那么便很难从经验中学习教训和启示。
- 收集和监控系统性的数据非常有益。全面而可信的基本数据是所有评估的基础。
- 将政策学习加入政策结构中至关重要(例如，政府引导文件、关键业绩指标以及国际出访基准等)。
- 在总结经验教训时，相关证据和政治议程应分开阐述：政策学习、经验总结和评估旨在收集证据，即证实如何最好地实现政治目标和落实政治议程。
- 在项目或者其他行动计划开始之前，应事先认真规划评估和监管。政府干预的背后需要基本逻辑的指导，而基本逻辑是以系统性地收集和监测数据为基础的。如果与其相关的目标和指数不明确，那么就会造成评价和影响评估成本高、效率低的不良后果，显然不利于项目的实施和举措的纠正工作。

知识经济和全球化(第八章)

21 世纪初以来,发展中国家和新兴经济体的发展成为全球经济增长的核心动力,而这些国家和发达国家之间的关系也随之发生变化。发达国家经济增长缓慢,在其他财务问题上也深陷困境。在这逐渐明晰化的转变中,中心议题是"新一轮全球化"(本书的称法),具体是指瞄准发展中国家低收入市场创新产业的日益发展。很多国家已经采取相关措施重新定位私营部门在全球减贫中的角色,着重强调其抓住变革机遇的能力以及帮助降低低收入人群对政府救济的依赖性。考虑到以上种种因素,涌现出众多针对低收入市场发展商业和创新产业的新模式。

在低收入市场中成功发展和引入创新产业,或为低收入市场成功开发创新产业,需要深刻理解高度多样化的用户需求。对于发展中国家而言,这种现象可能会为其提供新的竞争优势,可以抓住机遇改善其国家创新生态系统,加强能力建设,与创新领导者共同建立新型的全球网络。对于发达国家而言,其面临的挑战是调整传统国际化战略,和发展中国家的合作伙伴一道共同建立新型的创新协作模式。

发展中国家和新兴经济体的发展是全球经济增长的主要来源,发展中国家和新兴经济体的部分市场发展非常迅速,这些都在重塑全球化的流程,包括创新领导者和努力赶超的竞争对手之间的关系。各国的国际化导向在逐渐发生变化,但是其转变不可避免地会涉及各种不同的流程。在富裕国家创新系统的全球业务中,新兴经济体和发展中国家的重要性日益增长,而至于其重要程度是否会带来重大和持久的改变还有待观察,但可以确定的是关键转折点已经到来。全球各地的企业、大学和政府愈加重视创新产品和服务的发展,尤其是有望在全球低收入市场中获得成功的创新产品和服务,也已经意识到让目标用户参与创新流程的重要性。

新型全球创新网络为发达国家和发展中国家带来了各自的机遇和挑战。

不论是发达国家还是发展中国家，都需要采取综合政策战略，以便从中受益。

目前的全球创新领导者，如芬兰等，需要重新评估其整体的国际化战略和模式，制定新政策，发展新能力，采用新工具，以促进协作创新，并充分考虑高收入国家和低收入国家的实际情况，推动适当商业模式的发展。

对于新兴经济体和发展中国家而言，低收入市场可能会为其带来新的竞争优势。全球的企业、大学和政府竞相了解其市场，并根据其需求和偏好发展相应的创新产品和服务。政府意识到这方面的发展并利用该机遇充分挖掘国家创新系统和能力的潜力非常重要。

参与协作创新的前提是互惠互利。在这方面，发展中国家通过采用开放政策和加强与其他国家的合作可以收获很多益处。但是精心规划的政策和法规必须到位，以确保不受剥削和有害做法的影响。更重要的是，可能也更难的是设计有利于提升发展中国家创新系统和能力的政策和实践。

众多发展中国家与富裕国家建立伙伴关系并协作创新，而发展中国家从中受益的最佳方式便是落实积极的和富有前瞻性的创新政策，如可以为当地带来裨益的政策贯彻工具等。这可能包括：积极主动的探索，选择国际合作伙伴，在当地成立强大生活实验室的愿景和战略，协调合作活动，制定更广泛的社会目标以及合作项目的高等教育课程计划等。全球各地的企业和大学都在寻求为低收入市场开发创新产品和服务的最佳契机，而各国政府可以发挥关键作用，创造为低收入群体发展创新产业的良好环境。

全球各处的企业和大学为低收入市场开发和营销新产品和新服务的兴趣不断升温，而发展中国家开展国际交流的层次和水平直接影响着其从中受益的程度。在发达国家中，越来越多的市场参与者对为低收入市场开发技术、产品和服务产生兴趣，而这可能会致使发达国家和发展中国家建立新型的伙伴关系，不再局限于传统的供应—接受合作关系。

新型创新合作伙伴关系的希望和未来取决于共同的利益。发达国家需要学习（很容易低估需要学习的量）在低收入市场中开发和引入创新产品和服务，而发展中国家需要提升其创新生态系统和能力。然而，为增加创新产业的发展势头，建立这样的协作机制需要花费一定的时间，也需要发达国家和发展中国家制定大量的相关政策。专栏 0.8 概述了第八章中的关键信息。

—专栏 0.8

第八章中的关键信息

- 发达经济体的传统角色以及新兴经济体和发展中国家的传统角色正在迅速改变。这种发展促使芬兰等创新领导者重新考虑其针对发展中国家的战略和方法。
- 发展协作关系是共同学习的过程，期间双方都应积极发挥各自的作用。成功贯彻落实知识经济伙伴关系要以深刻理解用户需求为前提。
- 各种协作项目的角色应该被视作相互协调的系统性的配套设施，引导双方逐步实现共同的战略目标。

参考文献

Ali-Yrkkö, J., M. Kalm, M. Pajarinen, P. Rouvinen, T. Seppälä, and A.-J. Tahvanainen. 2013. "Microsoft Acquires Nokia: Implications for the Two Companies and Finland." ETLA Brief 16, Research Institute of the Finnish Economy, Helsinki. http://pub. etla. fi/ETLA-Muistio-Brief-16.pdf.

Hernesniemi, H., ed. 2010. *Digitaalinen Suomi* 2020 [*Digital Finland* 2020]. Helsinki: Teknologiateollisuusry. http://www.teknologiainfo.net/content/kirjat/pdf-tiedostot/Sahko _ elektroniikka _ ja _ tietoteollisuus/digitaalinen_suomi-ekirja.pdf.

Johnson, C. 1982. MITI *and the Japanese Miracle: The Growth of Industrial Policy*, 1925-1975. Stanford, CA: Stanford University Press.

Kniivilä, M. 2007. "Industrial Development and Economic Growth:

Implications for Poverty Reduction and Income Inequality." In *Industrial Development for the 21st Century: Sustainable Development Perspectives*, edited by J. A. Ocampo, 295-333. New York: United Nations, Department of Economic and Social Affairs.

Kokkinen, A. 2012. *On Finland's Economic Growth and Convergence with Sweden and the EU15 in the 20th Century*. Research Report 258. Helsinki: Statistics Finland. http://tilastokeskus. fi/tup/julkaisut/tiedostot/978-952-244-334-2.pdf.

Nørmark, D. 2013. *Cultural Intelligence of Stone-Aged Brains: How to Work with Danes and Beyond*. Copenhagen: Gyldendal Business.

Pajarinen, M., P. Rouvinen, and P. Ylä-Anttila. 2012. *Uutta arvoa palveluista*. ETLA Series B256. Helsinki: Taloustieto Oy.

Sabel, C., and A. Saxenian. 2008. *A Fugitive Success: Finland's Economic Future*. Sitra Report 80. Helsinki: Edita Prima. http://www. sitra. fi/julkaisut/raportti80.pdf.

Stiglitz, J. E. 1996. "Some Lessons from the East Asian Miracle." *World Bank Research Observer* 11(2): 151-77.

STPC (Science and Technology Policy Council). 2007. "Vaikuttavuuden arviointi ja ennakointi [Evaluation, Impact Assessment, and Foresight]." Background memorandum for the Council Statement on Development of Evaluation and Foresight, August 17.

第一章 导论：芬兰经济转型

基莫·哈尔默 韦莎·萨米宁 卡勒·比拉宁

芬兰以其经济持续发展、竞争力强和社会平等而闻名于世。但是芬兰在20世纪初也曾面临众多挑战，与很多国家目前面临的挑战非常类似。芬兰在国际经济和政治动荡的背景下宣布独立。尽管芬兰地处偏远，自然资源相对匮乏，国内市场狭小，近年来又深受战争和社会分裂的影响，但是芬兰成功实现了经济转型，从20世纪50年代的农业型经济到成为21世纪领先的创新驱动的知识经济和高科技生产商。芬兰的快速发展离不开果断的行动，甚至在特殊情况下需要政府和其他关键参与者作出大胆激进的决策。

2013年年底，为了维持社会的可持续发展和经济竞争力，芬兰面临着来自国内外的严峻挑战。

20世纪90年代之前的产业转型

在欧洲各国中，芬兰属于后起之秀。1809年至1917年期间芬兰是沙俄统治下的一个自治大公国。19世纪中期，芬兰总人口约160万，经济模式为落后的农业经济。19世纪中期也标志着芬兰工业化的开端，在基础设施、银行业、教育和金融机构等关键领域陆续开展变革。

两次世界大战期间，芬兰努力追赶西方经济体。然而，这一时期国家、政治和社会分裂的境况也愈演愈烈，最终导致1918年的芬兰内战。沿着冲突线芬兰出现国家分裂，直到第二次世界大战才实现统一。迟至20世纪50年代，芬兰经济依然是以农业为基础，也在努力从战争的阴影中恢复常态。巨额的战争赔偿（大部分以物资、机器、设备和船舰的形式赔付）极大地促进了战后的工业化进程。战后的工业化和福利待遇的改善是芬兰能够提升国民教育水平和跻身世界教育程度最高国家行列的重要原因。自此，社会凝聚力高度统一，政策环境稳定，基础设施水平优良。向知识密集型经济转型的种子此时业已种下。

20 世纪 90 年代早期，苏联分崩离析，而芬兰也面临着经济危机的挑战。芬兰深受经济衰退影响的原因有两个：其一，苏联曾经是芬兰消费品的主要出口市场，因此芬兰大部分经济因苏联瓦解而遭受重创；其二，金融危机击中了芬兰经济过热的要害，芬兰政府采取措施以开放金融市场，造成重大信用违约和银行危机。

在这种背景下，芬兰在 20 世纪 90 年代迎来了其经济的转折点，从投资驱动型经济转向创新驱动型经济。影响芬兰经济未来发展的重要决策也是在这些饱受苦难的时期推出的。首先，经济开放，重新定位芬兰在世界市场中的位置；其次，更加注重微观经济政策以提升竞争力；再次，新建芬兰科技政策委员会，设定由信息通信技术驱动的经济发展日程，并开创“国家创新系统”。正是由于芬兰科技政策委员会设定的日程，研发机构和高等教育机构才有更多的可用资金。

信息通信技术的作用

20 世纪 90 年代经济衰退期间，芬兰政府将公共投资集中在信息通信技术领域。其时，依然发展和增长的行业凤毛麟角，而移动通信领域便是其中之一。在严重经济危机之际，芬兰政府作出重大决策，实施紧缩的财政措施，削减除研发创新投资以外的公共开支。后来的事实证明，这些决策有利于信息通信领域的发展。自 20 世纪 90 年代中期以来，芬兰经济飞速增长。信息通信技术领域以诺基亚为其旗舰产品，处在芬兰经济发展的中心位置。

20 世纪 70 年代和 80 年代，芬兰政府积极采取措施发展数字化技术和移动技术。数十年来，国家向私营企业、公共机构和高等院校联合开展的研究项目提供资金，大力投资国内技术和生产能力建设。此外，芬兰政府还采取相关举措扩展大学电子信息技术方面的学位项目，引导政府向国内企业采购技术方面的产品和服务(Sabel and Saxenian，2008，55)。另外，信息通信技术领域也受益于公共财政支持以及与公共研究机构、国家技术机构、高等院校、其他教育机构和私营企业之间的广泛合作。芬兰信息通信领域快速发展，又恰逢北欧电话市场的开放(世界首例，欧洲和全球的电话市场开放紧随其后)，所以芬兰的信息通信技术行业(尤其是诺基亚)处在有利地位(Sabel and Saxenian，2008，55)。政府的角色很明确，既是技术的开发者(政府作为客户)，同时又是发展条件(基础设施、资金和法规)的主要创造者。

新型知识经济

在2008年全球经济危机到来之前的20年中，芬兰经济发展的主要特点是无形资产(教育、科研创新和工作的组织管理)投资激增以及国家知识基地的综合建设。所有这些措施都极大地促进了生产力的提升，有利于重新定位和聚焦就业增长点，即转向生产力更高的、知识密集型的行业，并更高效地利用财政资源。以诺基亚为首的电子产业呈现出奇迹般的增长，一跃成为芬兰最大的行业和最大的出口商，这是近年来广为人知的例证。然而，电子和信息通信技术产业并非在这一时期获得飞速发展的唯一领域。几乎所有工业和其他领域都实现了发展：生产力水平得到提升，开发新产品，出口量增加。

近年来，由于智能手机的重要性日益凸显，诺基亚的手机业务迅速衰弱，苹果、三星等竞争对手已经赶超诺基亚，给诺基亚以措手不及的一击。2013年夏，诺基亚公司以极低的价格将其手机业务转售给微软公司。只是短短数年，诺基亚手机业务的转售价格已大大低于数年前的价值。此时人们开始提出种种疑问：芬兰的知识经济将何去何从？芬兰政府的政策是否过度关注一些领先的工业部门？

幸而生态系统不仅仅局限于一家公司或一种产业，其涉及范围更广泛，层次也更深刻。过去的数年中，芬兰的信息通信技术行业已经不再生产实体产品，转而提供服务和软件。其硬件生产已经转移至低成本国家，而知识密集型产业和需要高等教育专业知识的产业已经成功地维持了其市场地位，有的产业甚至出现增长的可喜局面。而传统制造产业，尤其是机器和设备制造业，也经历了类似的转型，目前很多龙头企业聚焦于服务和有形产品。

尽管经历着产业结构调整，芬兰信息通信技术部门的发展势头依然强劲。由于软件以及信息通信技术服务领域的发展，信息通信技术部门创造的就业岗位几乎有增无减（Ali-Yrkko 等，2013）。迅速发展的游戏产业便是很好的例证，尤其是两家龙头企业，即 Rovio 娱乐有限公司和 Supercell 游戏开发公司。其中 Supercell 游戏开发公司于 2010 年成立，以近 15 亿美元（几乎是诺基亚出售价格的 1/3）的价格售予日本投资商。尽管这个行业还很年轻（平均年龄为 3 年），但是发展非常迅速，2012 年的增长率达到 200%。据估计 2013 年的总营业额可达到 8 亿欧元（2012 年的总营业额为 2.5 亿欧元；参见专栏1.1 和 Neogames 网站，http://www.neogames.fi/en/）。此外，美国艺电、爱立信、谷歌、华为、英特尔、微软、三星等众多跨国企业已经将其部分运营业务或研发部门设立在芬兰。在软件和游戏行业方面，目前芬兰有望成为“下一个硅谷”，至于发展结果则需要拭目以待。

专栏 1.1

芬兰档案

基本信息

- 国土面积：338,145 平方千米（与德国的国土面积相近）。
- 人口：540 万；人口密度为 15.7 人/平方千米（欧盟的平均人口密度为 116 人/平方千米）。
- 民族构成：讲芬兰语的芬兰人（93.4%），讲瑞典语的芬兰人（5.6%），共占总人口的 99%，俄罗斯民族（0.5%）。
- 宗教：以基督教为主（路德教占 79.9%，芬兰东正教约占 1.1%）；整体而言芬兰实际上属于非宗教国家。
- 城市化：85%的人口居住在城市地区。

- 平均寿命：79.55 岁（总人口），略高于经济合作与发展组织（OECD）的平均水平。
- 年龄构成：人口迅速老龄化，2010 年底 80 岁及以上的人口数量超过 255 000 人，在过去的 40 年间增长了 5 倍。
- 识字率：100%。
- 气候：年温差巨大，冬季寒冷，夏季比较温暖（2012 年：最低温度 −42.7°C，最高温度 31.0℃）。

政治体制

- 政治组织：实行议会民主制和多党政治，总统为国家元首。总统任期为 6 年。2000 年芬兰通过颁布宪法，并于 2012 年进行修订，增加议会和总统的权力，促进政治体制向议会制倾斜。一院制议会（芬兰语为 Eduskunta）由 200 名成员构成，每 4 年选举一次。在 2011 年议会选举中，选民投票率达到 70.5%（经合组织的平均水平为 72%）。
- 稳定性：政治体制稳定。最近一次 4 年任期内的政府更换是在 1975 年。

经济和工作生活

- 失业率：2013 年 4 月为 8.8%。
- 人均国民生产总值（购买力平价）：2011 年达到 37 642 美元（经济合作与发展组织的平均水平为 35 058 美元）。
- 当前账户结余：自 2011 年以来为负数。
- 通货膨胀：2012 年通胀率为 3%；每年政府贷款约 100 亿美元，相当于国民生产总值的 6%。
- 收入水平：家庭平均可支配的净收入为每年 25 739 美元（经济合作与发展组织的平均水平为每年 23 047 美元）。
- 就业情况：15～64 岁的人口就业率为 69%（男性就业率为 71%；女性就业率为 68%；经济合作与发展组织的平均就业率为 66%）；每年的平均工作时间达 1 684 个小时（经济合作与发展组织每年的平均工作时间为 1 776 个小时）。

研究和教育

- 教育成果：全体国民学校生活平均时间（从小学到大专及以上学历教育）为

17 年。

- 义务教育：孩子满 7 岁开始接受义务教育，到完成基础教育教学大纲后结束，或 10 年后结束。目前关于将青少年的义务教育时间延长至 17 岁的讨论正在进行。
- 高中同等学历：25～64 岁的成人中 83%获得高中或同等学历（男性，81%；女性，85%；经合组织的平均水平为 74%）。
- 研发经费支出：2011 年超过 70 亿欧元（约 91.9 亿美元），其中 50 亿欧元用于企业研发，14 亿欧元用于高等教育部门的研发，7 亿欧元用于公共部门的研发。研发经费支出占国民生产总值的百分比为 3.78%（居世界第二）。

欲了解更多信息，请参阅芬兰指标 2013（Findicator 2013，www.finland.fi）、芬兰统计局、芬兰数据（Finland in Figures，https://www.tilastokeskus.fi/index_en.html）以及经济合作与发展组织美好生活指数（http://www.oecdbetterlifeindex.org）。

本书的目标和结构

2006 年世界银行研究所出版发行《芬兰知识经济模式：成功的因素和启示》一书（Dahlman、Routti and Yla-Anttila，2007），该书详细阐释了芬兰向知识经济成功转型的关键要素，在广大政策制定者和世界银行客户国家从业人员中备受青睐。该书详细介绍了政府在管理重大经济转型中可以发挥的积极作用。自此书出版以来已有数年的时间，而芬兰的经济发展状况和政府政策也在不断演变。因此，再次审视芬兰知识经济的时机已经到来。

《芬兰模式：创新政策和治理经验》一书详细介绍了芬兰走向知识经济成功之路背后的关键政策、重要要素、行动倡议和重大决策。本书旨在激发读者灵感，为读者提供有价值的理念和解析，以应用于其他情境。本书详述了芬兰向知识经济转型的过程，为增强其应用性和有用性，本书会详细解释芬兰的政策选择、背后的考量以及相关的参与者。由于本书探讨的话题经常会被各界人士广泛讨论,甚至具有争议性,所以作者将做出判断的权利交给读者,由读者决定芬兰发展模式的价值,而读者也应了解作者是本着"肯定式探询"的精神撰写本书的。本书侧重于芬兰正面积极的经验和最佳实践,同时认可文化和社会问题在不同的情况下会产生不同的影响。

本书的结构如下:第二章阐明芬兰在不同的知识经济阶段采用的关键决策,并介绍可以从具体政策中学习经验启示的关键方面;基于对芬兰知识经济发展的阐述,作者锁定可以从中学习经验启示的六大领域,在第三章至第八章中予以详述。同时各章节也会提供"知识经济菜谱",包括案例、链接和解析,供读者进行进一步探索。图 1.1 勾勒出了本书的结构。

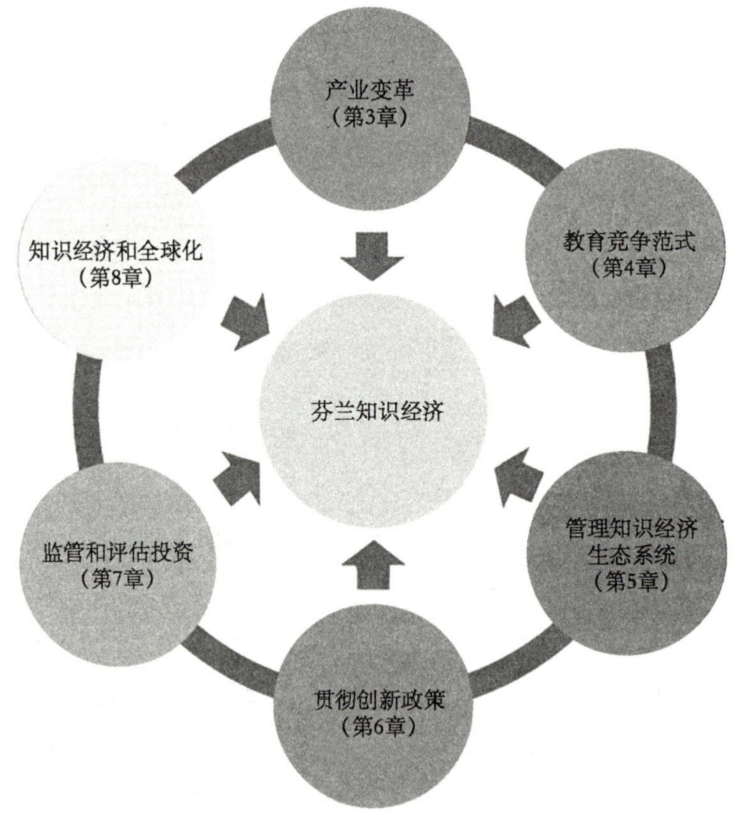

图 1.1　本书的结构

参考文献

Ali-Yrkkö，J.，M. Kalm，M. Pajarinen，P. Rouvinen，T. Seppälä，and A.-J. Tahvanainen. 2013. "Microsoft Acquires Nokia：Implications for the Two Companies and Finland." ETLA Brief 16，Research Institute of the Finnish Economy，Helsinki. http：//pub. etla. fi / ETLA-Muistio-Brief-16.pdf.

Dahlman，C.，J. Routti，and P. Ylä-Anttila. 2006. *Finland as a Knowledge Economy*：*Elements of Success and Lessons Learned*. Washington，DC：World Bank. Findicator. 2013. http：//www.findikaattori.fi/en.

Sabel，C.，and A. Saxenian. 2008. *A Fugitive Success*：*Finland's Economic Future*. Sitra Report 80. Helsinki：Edita Prima. http：//www. sitra. fi/julkaisut/raportti80.pdf.

第二章　背景：芬兰知识经济政策的演变

塔尔莫·乐莫拉

芬兰成功实现经济转型，从 20 世纪 50 年代的农业社会变为全球领先的知识经济体。芬兰的发展在很大程度上由企业领导，以企业为中心。但是政府也发挥着重要作用，尤其是在制定国家战略、协调和促进政策落实、建立融资决策共享平台、设定研发优先等级等方面。本章阐明了芬兰政府在知识经济不同发展阶段作出的关键决策，并锁定可以借鉴具体政策的重要领域。

芬兰的知识经济呈阶段式发展，而且每个阶段都有其各自的基础、目标、参与者和政策工具。芬兰经济发展背后的多数关键决策颁布于 20 世纪 60 年代中期，开启了教育和研发基本结构大变革的时代，而技术推动发展的时代紧随而至，聚焦信息通信技术的高强度开发和应用。这一时期的乐观局面、迅速发展的国家网络和强劲的经济增长在 20 世纪 90 年代初意外地戛然而止，其时芬兰陷入了严重的危机之中。从知识经济的角度而言，知识经济时代起始于 20 世纪 90 年代末，最初的目的是使芬兰摆脱经济衰退的影响。全球化开始于 21 世纪初，直到现在仍然主导着芬兰制定知识经济政策和运营的思维方式。

基本结构的变革(1960—　)

直到 20 世纪早期，芬兰只有一所大学，即赫尔辛基大学。到 20 世纪 60

年代末，芬兰大学的总数达到15所，分布在南部以及东部和北部地区。其时，政府研究机构是芬兰公共研究体系的重要组成部分。芬兰第一批政府研究机构于19世纪末期成立。芬兰的大型企业也设立有研发部门，但是缺乏研发强度和密度，而研究体系的其他组成机构也面临着相同的问题。芬兰的研发融资专门机制仍然处于初级阶段。

20世纪60年代，科技和研发及其对经济的重要性成为当时的热门话题，也是政府活动的关键议题。相比于经济合作与发展组织中更发达、经济规模更大的成员国而言，芬兰在这方面起步较晚。但是芬兰教育和研发创新政策的快速发展，尤其是20世纪80年代早期之后，弥补了其起步晚的劣势(Lemola，2003b)。

芬兰采用的政策理论、体制模式和组织模式体现了本国的历史、文化、政治和行政特征，但同时也借鉴了其他国家和组织运营模式的很多元素。直到20世纪80年代，芬兰一直在大量模仿和借鉴瑞典的管理模式。数十年来，经济合作与发展组织也极大地影响着芬兰制定的政策指导方针(Lemola，2002)。

芬兰知识经济发展第一阶段的重点是建立和扩大创新政策体制。主要的驱动力是不断加深的贸易国际化和自由化。这曾为芬兰当时的生产结构和技术水平带来新的压力和挑战，因为芬兰当时的生产结构一边倒(极度依赖基于森林资源的产业，尤其是造纸业)，而且与其主要竞争对手相比，当时芬兰的技术水平相对低下(Vartia and Yla-Anttila，1996)。其时，芬兰急需扩大产业基础、提高生产力和增加附加值。教育和研发投资被视作芬兰国家现代化项目的重要基石。追赶产业技术更先进的国家成为芬兰的国家目标，而该目标在接下来的数10年中在塑造芬兰科技活动和结构方面产生了重大影响。

20世纪60年代和70年代早期，芬兰的创新政策出现了4个方面的重大变革(Lemola，2002 and 2003b)：

(1) 加强大学的能力建设，改善大学教学条件。

(2) 增加和提升(技术)研究力度。

(3) 政府支持企业研发。

(4) 建立高级别的协调机构。

第一,加强大学的能力建设,改善教学条件。采取定向措施,直接向芬兰各所大学和芬兰科学院(研究委员会体系)提供教学和研究财政拨款。第二次世界大战结束之后出现婴儿潮,那一代的婴儿其时已经长大成人。因此从政治和社会角度而言,扩张建立高等教育机构势在必行。

第二,开展相关研究以提升产业技术水平,并加大研究力度。最重要的是,这项举措意味着芬兰最大的研究机构芬兰技术研究中心(VTT)的发展。1972 年,芬兰技术研究中心全面重组。此外,芬兰贸易与工业部获得国家专项财政拨款用于技术研究。由此引发了芬兰技术院校和技术研究中心的第一批"国家技术项目"。

第三,政府开始直接通过发放研发贷款和津贴支持企业进行研究和开发产品。新的基金组织,即芬兰国家研发基金(The Finnish National Fund for Research and Development, SITRA)便应运而生,该基金获得芬兰银行(Bank of Finland)的授权。另外,芬兰贸易与工业部也开始支持企业开展研究和开发产品。采取上述措施的动因在于芬兰企业自身研发的缺失。

第四,1963 年成立关于科学的部级委员会,即科学政策委员会(Science Policy Council),后来发展为科技政策委员会(STPC),现在是研究和创新委员会(RIC)。该委员会是高级别的政治机构,职能是制定科学(和技术)政策指南以及协调跨部委的研发活动。1973 年,该委员会引入一项雄心勃勃的计划,将研发支出占国内生产总值的百分比由 1971 的 0.9%到 1980 年提升至 1.7%。该计划最终以失败告终,芬兰的研发人员对此十分失望。1979 年,芬兰研发支出的金额仅占国内生产总值的 1.1%,在经济合作与发展组织成员国中位列最后。

技术推动(1980—　)

芬兰创新政策发展的新阶段开始于20世纪80年代。从研究导向到技术导向的转变是受经济和社会因素的驱动。20世纪70年代末的石油危机导致芬兰经济增长放缓、高失业率和高通货膨胀率。这段时期被称为“微电子革命”时代,微电子产业的发展提供了很多新的生产机遇和其他商机,但也可能会引起社会问题。人们尤其担心的是产业自动化水平的提高可能会造成大量失业,以及社会不平等的现象进一步恶化。

20世纪80年代初,工商界的关键参与者认为,芬兰的经济发展不能再继续基于成本效益(森林产业的竞争优势),而应该注重知识密集型产业的发展(Schienstock,2004)。在经济日益全球化的背景下,他们认为知识经济基础的构建攸关芬兰企业的生死存亡。10年中私营部门研发支出的飞速上升清晰地印证了这一转变(Ormala,1999)。

当时发展技术和实现技术方面的基本目标(1982年芬兰技术委员会,Finnish Technology Committee 1982)成为芬兰全国各界的共识。于是1983年芬兰国家技术创新局(Tekes)成立(参阅第六章中的专栏6.1)。先前芬兰贸易与工业部负责向以实现目标为导向的技术研究发放贷款、津贴和财政拨款的工作,芬兰国家技术创新局成立后由其接管上述工作。由此芬兰国家技术创新局便成为新创新政策的关键规划者和执行者。

20世纪80年代,如同其他经济合作与发展组织成员国一样,芬兰政府也在调整相关政策,由推动科学发展向刺激和支持产业革新转变。尤其是科技政策积极聚焦于新兴技术(基于科学)的开发和应用,主要是信息技术、材料技术和生物技术。芬兰高度重视信息技术的发展(Lemola, 2003a)。

国家技术项目的价值已经在日本、瑞典等国家得到验证。芬兰于20世纪80年代初开始发展国家技术项目,以推动和调控研究活动。芬兰的国家技术项目更具战略性和选择性,但是由分散式的战略规划机制中产生。新项目的提议来自大学、研究机构、企业和产业协会，由不同机构的代表组成的众多合作机构以非正式或半正式的方法负责处理新提议。技术项目是促进国家合作的重要催化剂。这些项目重要的新特点之一便是双边合作向多边合作的转变。经由芬兰国家技术创新局的协调，企业、研究机构、大学和政府开始共同协作以实施技术项目。

在这一时期，芬兰国家科技政策的另一重大转变是建设与技术转让、传播和商业化相关的新项目及新组织。芬兰建立起全国性的技术网络和专业中心（尽管没有出台与技术园区相关的国家政策）。技术园区触发了一系列的子项目和孵化器。人们开始成立技术转让公司，从事大学和研究机构研究成果的商业化工作。公共和私人风险投资业务也有所增加，尽管芬兰的风险投资市场远落后于其他欧洲国家，更难以与以色列和美国相提并论。虽然有些活动是在国家层面上进行安排的，但是很多项目都是由当地和地区发起的提议，尽管由国家拨款予以支持。

20 世纪 90 年代，向技术导向转变的有力例证便是 1987 年科学委员会(Science Policy Council)发展成为科技政策委员会(STPC)（参阅第五章）。芬兰的科学和技术政策开始出现分化：科学政策由芬兰教育与文化部（各所大学和芬兰科学院）负责；教育政策由芬兰贸易和工业部（芬兰国家技术创新局、芬兰技术研究中心以及其他政府研究机构；芬兰贸易和工业部自 20 世纪 70 年代早期便已存在）负责。这一格局最终确立于 20 世纪 80 年代。各组织机构之间的紧张关系是不可避免的，但是芬兰科技政策委员会相对成功地发挥了其协调作用。

走出衰退（1990— ）

芬兰创新政策的下一个转变出现于 20 世纪 90 年代经济衰退时期。20 世纪 80 年代芬兰的经济发展速度高于多数其他产业国家（Tainio，Pohjola and Lilja，1999；见图 2.1）。

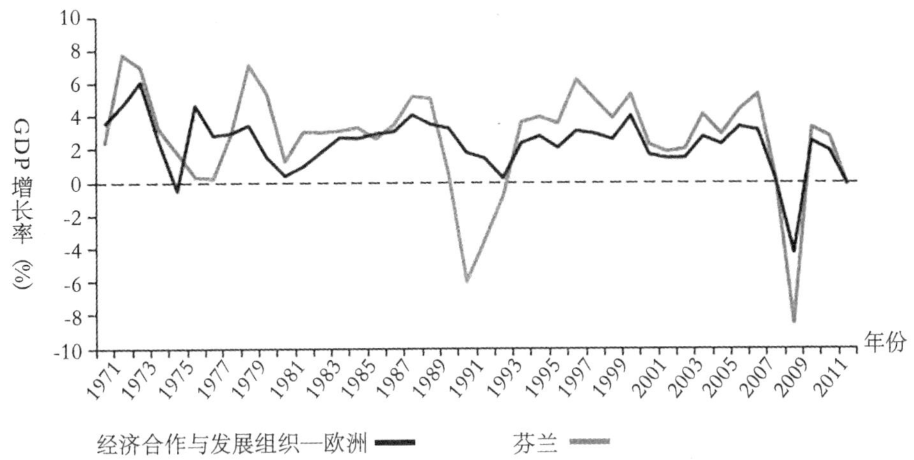

图 2.1 1971—2011 年芬兰和经济合作与发展组织(OECD)—欧洲的国内生产总值(GDP,按照支出计算法)增长

资料来源：经济合作与发展组织数据(stats.oecd.org)。

知识密集型生产、技术发展和生产力迅速发展。当时的芬兰正在向知识经济转型,知识成为社会和经济发展的主要推动力。

然而,由于对苏贸易的急速下滑以及芬兰国内银行业和房地产行业泡沫的破灭,芬兰经济在 20 世纪 90 年代初陷入异常严重的危机之中：1991—1993 年,芬兰国内生产总值的下降幅度超过 10%;股市崩溃;与 20 世纪 90 年代初相比,芬兰货币(芬兰的货币单位为马克)大幅贬值,贬值幅度近 40%;政府外债和财政赤字迅速上升;失业率接近 20%,创历史新高;芬兰的银行体系也深陷危机。

严峻的社会和经济危机往往会催生政策的剧烈变革。芬兰的科技政策就是这样,但是变革的剧烈程度并不如人们所预想的那样。其基本的科技政策几乎保持不变,很大程度上是由于芬兰摆脱经济衰退的速度和其陷入危机的速度一样快。芬兰迅速走出经济衰退阴影主要是得益于出口的快速增长。信息通信技术产业群发展速度最快,而其中最大的贡献者便是诺基亚公司。

得益于诺基亚的发展,芬兰在短时间内迅速成为信息通信设备的专业提供者(Rouvinen and Yla-Anttila,2003)。芬兰作为一个相对较小的专业化工业国家,已经察觉到整体而言全球经济波动的剧烈程度远远高于经合组织成员国经济的波动程度。但是,芬兰已经更快地从经济危机中恢复了过来。

在经济衰退和经济恢复期间,芬兰的创新政策有所调整。但是调整的直接原因并不是经济衰退,芬兰创新政策的变革早在20世纪80年代末期就已经开始了。在20世纪90年代早期,芬兰创新政策调整的主要驱动力是迫切需要提高研发水平,以解决高失业率的问题。而经济衰退实际上为新理念、新运营方式的应用以及推动研发和创新驱动型发展创造了有利条件。

制定“新型”创新政策的重要里程碑之一就是1990年芬兰科技政策委员会颁布实施的审核政策(芬兰科技政策委员会,1990; Miettinen,2013)。该权威性机构由芬兰总理担任领导,其报告将国家创新系统的理念提升至芬兰国家创新政策的工具。芬兰的创新系统以弗里曼和伦德瓦尔(Freeman,1987; Lundvall,1992)的思想以及经合组织的技术和经济计划为基础,其中经合组织在1988年启动技术和经济计划(经合组织,1992)。转让至芬兰的技术及其应用由芬兰科技政策委员会秘书处和芬兰学术界协同负责。

以下各项成为芬兰国家创新系统的关键原则:

- 国家创新系统是一整套影响新知识新技术开发和应用的众多因素的集合。国家创新系统的理念可以使得相关人员汇总审核各影响因素及其发展需求。
- 国家研究体系是国家创新系统不可或缺的组成部分。而教育是另一个非常重要的因素。
- 普遍盛行的社会风气对新知识的生产和应用有深远的影响。不同参与者之间的密切交流和合作是高效创新体系的特点之一。
- 国际化以很多不同的方式在影响着创新系统的各项活动,但是也凸显出改善国家创新环境的需求。

新模式的关键点之一是强调学习的重要性以及就业和创新政策之间的联系。这是基于政策制定者日益意识到知识密集型的发展对国家经济至关重要,这一点不容置疑,而且仅仅依靠宏观经济政策或劳动力市场政策无法为知识密集型发展创造有利的前提条件。最重要的是,推动知识密集型发展需要相关创新政策的支持，如在研发、教育、竞争、知识产权、国家和国际合作网络、技术转让和技术开发等方面。

20 世纪 90 年代期间，创新政策制定者的思维模式发生了转变，但是创新政策的基本工具并没有发生显著的变化。从研发和创新重要性的角度而言，最重要的举措当属 1996 年政府决定增加研究财政经费，1997—1999 年提升至 2.5 亿欧元。这意味着与 1997 年相比，国家研究财政经费每年增长约 25%。国家研究财政经费的增量经由芬兰国家技术创新局和芬兰科学院分配至竞争力强的研发项目。但是正如图 2.2 所示，用于产业研发的财政支出比例的增幅甚至更大(1999 年产业研发费用超过 20 亿欧元，而 2012 年达到近 50 亿欧元)。信息通信技术产业的研发在所有研发中占主要份额(几乎接近 50%)。广泛的公共投资，尤其是对教育行业的投资，是产业研发增长的重要前提(见第四章)。

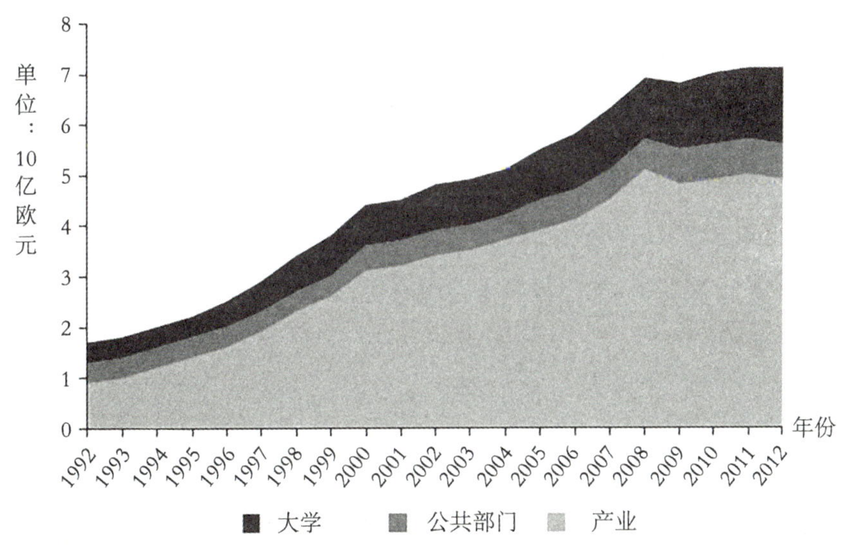

图 2.2　1992—2012 年芬兰的研发支出

资料来源：芬兰统计局数据(http:s://www.tilastokeskus.fi)估计数据。

一直以来，芬兰研发领域的众多工作人员和北欧国家、其他欧洲国家以及美国的同行都有直接的个人联系，也一直保持密切的合作关系。芬兰实现研发国际合作制度化的第一步是 1985 年加入欧盟的尤里卡(Eureka)计划(Ormoala 等,1993)。芬兰国家技术创新局组织和推进芬兰加入尤里卡计划的相关工作,此外,它在芬兰加入欧盟研究框架项目的准备过程中也发挥了重要作用。

1995 年,芬兰加入欧盟。而且芬兰的研究和开发人员积极参与欧盟研发项目,迅速成为芬兰科技运营和政策不可或缺的组成部分。欧盟发起的计划除了向参与者提供研发项目的经费资金以外,还会帮其发展研发工作、创新网络以及价值链的国际化和全球化(Luukkonen and Halikka, 2000; Kuitunen et al.,2008)。

芬兰创新和政策运营的区域化开始于 20 世纪 80 年代,并于 20 世纪 90 年代获得快速发展,主要是归功于全国性、区域性和地方性的项目提议。这种快速的发展也得益于欧盟普遍重视各成员国的区域发展,运用其结构基金提供财政援助。如果没有欧盟的影响力和财政资源,那么芬兰各地区在促进创新政策活动发展方面的作用会非常有限。在推动区域创新方面,意义最为显著的一项国家提议莫过于芬兰专业技术中心计划,该计划开始于 1994 年(详见第六章专栏 6.3)。

全球化背景下的知识经济(2000—　)

21 世纪初期,芬兰的创新能力和竞争力在全球范围内曾名列前茅。芬兰很早便已经成为信息通信技术的供应方并设定了相应的技术标准,竞争优势明显。诺基亚是芬兰技术发展的旗舰品牌,逐步发展成为全球移动通信领域的领导企业(Ali-Yrkko,2010)。与此同时,很多芬兰的诺基亚承包商企业也获得了较大的发展。当时的芬兰已经发展成为以教育、研究和创新为基础的经济体(Dahlman, Routti and Yla-Anttila,2006)。

全球化问题在政策制定和讨论过程中曾居主导地位(总理办公室,2004)。芬兰曾是全球化过程中的赢家之一。芬兰经济实行对外开放,以竞争力为基础，国内市场狭小，是规模相对较小的经济体，从对外开放的国际贸易中受益颇多。全球市场的扩张不仅加速了芬兰信息通信技术领域的发展，同时也推动了芬兰工程行业以及许多其他工业部门的发展。芬兰工商界和研究界均从全球化中获益。

然而，全球化也为芬兰的经济带来了众多挑战（芬兰研究和创新委员会RIC，2010）。全球竞争日益激烈。各地企业开始争夺客户源，而各国也竞相争夺企业投资。各企业转让的内容已经不仅仅限于工业生产，已扩展至产品开发和生产服务，而转让的目的地则是距离终端市场较近的地区或者是生产成本较低的国家。此外，各企业进行转让的门槛也显著降低。改变全球专门提供产品和服务的生产地并不表示将所有的生产点都搬迁至亚洲或国外其他新兴市场。然而，这种改变确实意味着创新和其他商业活动的地理分布趋于分散，也趋向于更频繁、更方便（芬兰就业与经济部和芬兰教育与文化部，2009）。

尽管芬兰的竞争力相对较强，但是很多方面的发展增长也在放缓，包括生产总量、出口量、有形和无形资产投资等。传统的企业、产业和创新工具已经无法继续保证经济的发展，而经济发展是维持现有社会福利水平的重要前提。芬兰需要新的资源。自2008年芬兰公布其国家创新战略以来，基础广泛、系统有序的新模式以及对需求的关注成为芬兰创新战略的关键元素（芬兰就业与经济部，2008）。这种模式在本书第五章中会予以详细阐述。

芬兰创新政策的主要关注点之一是创立创新发展型企业并推动其国际化发展，这直接与应对全球化挑战相关（Autio et al.，2013）。未来，芬兰对传统工业领域少数领先企业的依赖性会越来越小，而会更多地依赖于分布广泛的创业活动。基于这种认知，众多大学、研究机构以及部分企业（如诺基亚创新工厂，第三章中专栏3.2予以详细阐述）陆续成立了新型的孵化器和企业加速器，例如德莫拉（Demola）开放创新平台、普罗特莫（Protomo）实验室和维哥（Vigo）企业加速器等（第三章中专栏3.3会详细介绍）。此外，芬兰已经启动了向革新者提供资金的相应融资机制，目标是在未来数年内大幅度增加股票基金的投资。

与此同时，芬兰也已经在寻求传统产业的发展。一定时期内，芬兰最大的研发投资项目就是成立芬兰科技创新战略中心(SHOKs,第六章中详细阐述),该中心以提高芬兰生产力和在芬兰关键产业集群中激发革命性创新为目标。根据2013年初公布的芬兰科技创新战略中心中期评估报告,目前战略中心并未能实现其预定目标。对战略中心整体理念、职责功能、创造价值的能力等方面的担忧依然存在(Lahteenmaki-Smith et al.,2013)。

全球化和近来的经济危机给芬兰经济造成了严重的压力,带来的明显影响之一便是芬兰各界更加坚信其经济发展需要群聚效应和规模效应。芬兰很多大学已经实现合并(详见第四章中专栏4.5关于阿尔托大学的介绍),理工专科类院校也在持续进行结构变革。此外,政府研究机构彻底性结构变革的提案有待贯彻落实(芬兰研究和创新委员会RIC,2012)。研究机构的结构变革主要是合并现有机构以建立规模更大和实力更强的机构。结构变革的目标是截至2016年将芬兰研究机构的数量由17所降低至6所。另外,芬兰现有研究机构的部分财政资源将会用于支持竞争力强的新融资工具,资助战略性的定向研究,以支持政府政策的落实。

目前芬兰的创新政策聚焦于服务领域(见第三章),服务领域是促进经济增长和提高社会生活水平的潜在驱动力(Niinikoski,2011)。商业性服务业是芬兰快速发展的领域,但是在公共服务领域也存在很多机遇。现在芬兰经济尤其要面临的挑战是半数的服务类公司并未开展创新活动。芬兰服务业的研发强度还没有达到经济合作与发展组织(OECD)先进成员国的研发水平(Pajarinen Rouvinen and Yla-Anttila,2012)。信息通信技术的广泛应用再次被视作新服务和新服务体系的主要推动力,以及支持新服务、新服务体系的合作、运营和行政实践的重要驱动力(芬兰就业与经济部,2013)。

区域创新政策方面,芬兰正在逐步实现资源分配模式的转型,从将国家资源分配至各地方到将更多的资源分配至更少数量的关键中心并使其发挥更大的作用。芬兰区域创新政策的核心,即专业中心计划,正在逐渐被创新城市计划(INKA,详见第六章中专栏6.3)取代,而且政府也在采用新程序鼓励多数重要城市区域建立有吸引力的创新中心,以完善芬兰的创新系统。高度重视引导重大城市及其中心发挥积极主动性并履行其职能,这是芬兰创新政策的新发展(见专栏2.1)。

专栏2.1

芬兰知识经济的参与方和机构

芬兰知识经济的参与方和机构可大致分为三类:①负责制定政策和战略的机构;②负责提供资金和支持的机构("推动者");③研究和教育机构(见图2.3)。此外,还建立了不同类型的"平台"以促进各参与方之间的协作。

芬兰研究和创新委员会(The Research and Innovation Council)负责芬兰科技政策的战略发展和协调工作,以及整个国家创新系统的协调。由芬兰总理担任主席,成员包括所有的主要部委和各参与方的代表。

芬兰国家研发基金(Sitra)是独立的公共基金组织或智库,直接向芬兰议会汇报。芬兰国家技术创新局(Tekes)负责研发和创新活动(既包括企业也包括研究机构)的资金业务,向芬兰就业与经济部报告。芬兰科学院负责学术研究的筹资,向芬兰教育与文化部汇报。芬兰官方出口信贷机构是一个国家所有的专业金融公司,向寻求发展和国际化的企业提供信贷和贷款业务,其子公司——维拉风投(Veraventure基金),维拉种子投资(Seed Fund Vera,直接投资)和芬兰产业投资(Finnish Industry Investment)——向私营企业和基金组织提供政府风险投资。15个经济发展、交通和环境中心负责中央政府发展任务在各地区的贯彻落实工作,处理企业融资和发展服务相关事宜、基于就业的援助和劳动力市场培训等工作。芬兰贸易、国际化和投资促进总署和芬兰工作组负责促进贸易、投资和芬兰企业的国际化发展。

研究和教育机构包括近20个公共研究组织(例如,芬兰技术研究中心、芬兰统计局和芬兰环境研究院等)、14所大学和25所专科院校。芬兰科技创新战略中心(SHOK)是芬兰公私合作伙伴关系的产物,任务是加快创新流程以及促进学术研究和私营研发活动之间的合作。创新城市计划(INKA)旨在打造具有国际吸引力的地方创新中心,并加强公私领域间的合作。

本书的结尾处会列出各方参与者的名单。

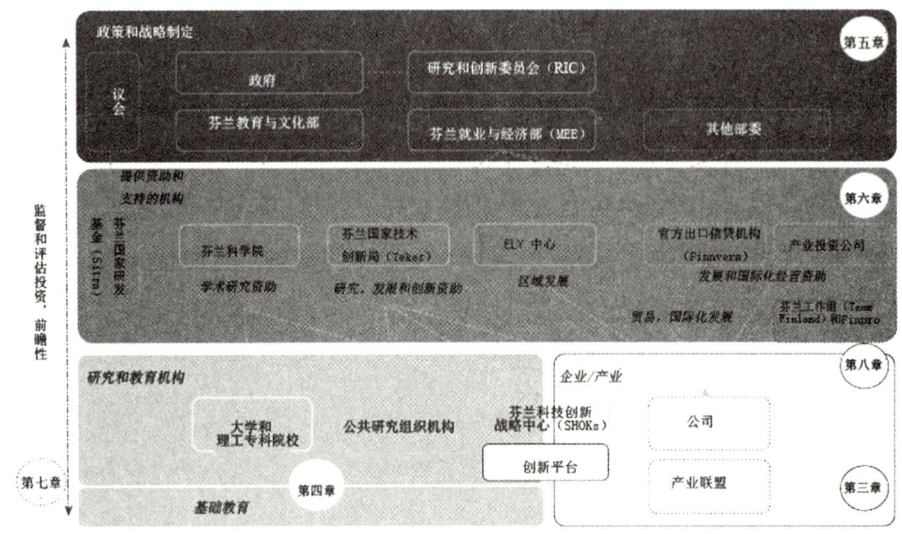

图 2.3 芬兰知识经济系统

注:Finpro 中文名称为芬兰贸易、国际化和投资促进总署。

结论

芬兰向知识经济的转型开始于 20 世纪 60 年代。创新政策早年被称为科学与技术政策,和教育政策一起构成芬兰政府政策的核心,旨在实现芬兰经济由资源驱动型向创新驱动型的转变。这一经济转型已经带来了非常积极的经济和社会影响。

芬兰的实例证明,随着信息社会的发展,市场经济充满活力,竞争力日益增强,成熟健全的福利体系和技术创新并不冲突(Castells and Himanen, 2002)。相反,福利待遇体系完善已经为芬兰经济的稳定增长做出了重要贡献:为产业变革和劳动力生产率的提高提供重要的人力基础,为制度和社会稳定提供保障。而制度和社会稳定是经济和社会长期快速发展的前提条件。另一方面,芬兰知识型和创新型经济的相关政策取得了巨大成功,使得芬兰福利待遇的资金来源可以持续注入。这为发展和动员提升竞争力、创造力、专业技能创造了新的发展潜力，有利于进一步完善财政机制、制度体系和社会机制，以推动技术和社会创新的开发、转让和应用。

芬兰政府在一些情况下扮演着非常重要的甚至是核心的角色，但总体而言，芬兰体系很大程度上并非是由政府主导，而是由企业主导，以企业为中心。政府的主要定位是协调者、推动者和共享平台的创建者，而共享平台服务于决策的制定以及研发优先等级的设立。

20 世纪 90 年代，在芬兰知识经济发展早期，教育和研发的基本结构得以改善。新建了很多大学院校。原有的大学和现有的政府研究机构亦开展了改革，而新的研发融资工具得以实施。随后在 20 世纪 80 年代，芬兰经济进入技术推动发展的时代，高度重视信息通信技术的密集发展和应用。20 世纪 90 年代和 2000 年前后芬兰信息通信技术发展取得了巨大成功，其种子便是于 20 世纪 80 年代种下的。在之后的发展中，所有芬兰创新政策的制定和实施均是以全球化为基础，既包括全球化带来的威胁，也包括全球化带来的机遇。目前为止，芬兰一直在寻求经济发展的新动力和新来源（新型创新公司和新服务），并通过整合研发制度和机制实现经济效益和取得更大的成果，以此来应对全球化的挑战。表 2.1 总结了上述各个发展阶段及其各自的阶段特征。

表 2.1　芬兰知识经济的发展阶段

指标	基本结构的变革（1960—　）	技术推动（1980—　）	摆脱经济衰退（1990—　）	全球化世界中的知识经济（2000—　）
政策运行基础	国际贸易自由化	“微电子革命”	从经济衰退中恢复过来	全球化
主要目标	建立新的政策部门	抓住新的技术机遇	加快知识型增长	发展成长型企业
政策焦点	教育、科学	技术	国家创新系统	创新、创新系统
关键参与者	芬兰教育与文化部、芬兰科学院	芬兰国家技术创新局（Tekes）（技术和创新基金组织）	芬兰科技政策委员会（STPC）	数个参与者
预期的结果/影响	国家竞争力	高科技产品的增长	就业增长	新兴创新增长型企业

（续表）

指标	基本结构的变革(1960—)	技术推动(1980—)	摆脱经济衰退(1990—)	全球化世界中的知识经济(2000—)
干预水平	全国	全国、区域	区域、跨国(欧盟)	全国、地方
工具代表	项目融资	国家技术项目	欧盟研发资金资源	芬兰科技创新战略中心(SHOKs)

是否存在芬兰模式的创新政策或创新驱动经济发展的成功公式呢？的确有,但是却有很多附加条件:第一,芬兰的成功并不主要归功于政府政策和干预,芬兰的企业一直处在创新驱动发展的最前沿;第二,虽然芬兰的历史、文化、行政管理传统、政治背景和产业化过程影响着国家的政策和管理方法,但是芬兰也大量借鉴了其他组织和国家的政治理论、体制模式和组织模式;第三,由于创新政策需要应对全球化的竞争,各个国家的创新政策日益趋同,好的做法在国家间快速传播,更何况是“最佳实践”。世界各国的创新政策在不断融合。专栏 2.2 是本章关键信息的概览。

专栏 2.2

关键信息

- 公私机构和产业结构的重大经济转型和变革是有可能实现的,但是往往需要强烈的政治意愿和利益相关方的高度共识。这种团结一致、共同努力的局面往往由经济动荡或危机时期的必要性而触发。因此,经济危机同时也为变革和革新提供了机遇。
- 实现经济转型不是一朝一夕便可完成的,需要时间、耐心、长远的眼光以及知识经济所有利益相关方协调一致的行动。
- 芬兰体系的转型在很大程度上是由私营部门的需求驱动的,私营部门与政府密切合作。政府在协调和促进变革过程中发挥了重要作用。此外,在创建共享平台以制定知识经济决策、划分优先等级方面也扮演了重要角色。
- 芬兰政府密切关注先进国家的发展模式,以及可以从中借鉴的经验和启示。芬兰在很大程度上借鉴了其他组织和国家的政治理论、体制模式和组织模式。

- 在知识经济方面取得的进展带来了许多有利的附带影响。随着信息社会的发展,市场经济充满活力,竞争力日益增强,成熟健全的福利体系在很大程度上有利于技术创新的发展,甚至是以技术创新为基础。
- 由于每个国家的特点不同,没有放之四海而皆准的解决方案。但是可以在一些领域借鉴芬兰经济发展的经验和启示。

参考文献

Ali-Yrkkö, J., ed. 2010. *Nokia and Finland in a Sea of Change*. ETLA Series B244. Helsinki: Taloustieto Oy.

Autio, E., H. Rannikko, P. Kiuru, K. Luukkonen, R. Orenius, J. Handelberg, A. Bergenwall, and E. Berglund. 2013. *The Vigo Program: Mid-Term Evaluation*. MEE Report 4/2013. Ministry of Employment and the Economy, Enterprise and Innovation Department, Helsinki. http://www.tem.fi/files/35626/TEMrap 4 2013.pdf.

Castells, M., and P. Himanen. 2002. *The Information Society and the Welfare State: The Finnish Model*. New York: Oxford University Press.

Dahlman, C., J. Routti, and P. Ylä-Anttila. 2006. *Finland as a Knowledge Economy: Elements of Success and Lessons Learned*. Washington, DC: World Bank. EUREKA Secretariat 1993. *The Evaluation of the Industrial and Economic Effects of Eureka*. Brussels: Eureka Secretariat, International Evaluation Group.

Finnish Technology Committee. 1982. *Report of the Finnish Technology Committee*. Report 1982:1. Helsinki: Prime Minister's Office.

Freeman, C. 1987. *Technology Policy and Economic Performance: Lessons from Japan*. London: Pinter.

Kuitunen, S., K. Haila, I. Kauppinen, M. Syrjänen, J. Vanhanen, P. Ahonen, I. Tuomi, P. Kettunen, and T. Paavola. 2008. *Finns in the EU 6th Framework Programme: Evaluation of Participation and Networks*. Report 6/2008. Helsinki: Tekes.

Lähteenmäki-Smith, K., K. Halme, T. Lemola, K. Piirainen, K. Viljamaa, K. Haila, A. Kotiranta, M. Hjelt, T. Raivio, W. Polt, M. Dinges, M. Ploder, S. Meyer, T. Luukkonen, and L. Georghiou. 2013. *Licence to SHOK? External Evaluation of the Strategic Centers for Science, Technology and Innovation*. MEE 1/2013. Helsinki: Ministry of Employment and the Economy. http://www.tekes.fi/u/Licence_to_SHOK.pdf.

Lemola, T. 2002. "Convergence of National Science and Technology Policies: The Case of Finland." *Research Policy* 31(8-9): 1481-1490.

——. 2003a. "Innovation Policy in Finland." In *Innovation Policies in Europe and the US: The New Agenda*, edited by P. S. Biegelbauer and S. Borrás, 77-92. Burlington, VT: Ashgate Publishing.

——. 2003b. "Transformation of Finnish Science and Technology Policy." *Science Studies* 16(1): 52-67.

Lundvall, B., ed. 1992. *National Systems of Innovation: Towards a Theory of Interactive Learning*. London: Pinter.

Luukkonen, T., and S. Hälikkä. 2000. *Knowledge Creation and Knowledge Diffusion Networks: Impacts in Finland of the EU's Fourth Framework Program for Research and Development*. Publication 1/2000. Helsinki: Finnish Secretariat for EU R&D, Tekes Program.

MEE (Ministry of Employment and the Economy). 2008. *Finland's National Innovation Strategy*. Helsinki. http://ec.europa.eu/invest-in-research/pdf/download en/finland national innovation strategy.pdf.

——. 2013. 21 *Paths to a Friction-Free Finland*. MEE 4/2013. Helsinki: Edita Publishing. http://www. tem. fi/files/35440/TEMjul 4 2013 web.pdf.

MEE and Ministry of Education and Culture. 2009. *Evaluation of the Finnish National Innovation System*. Policy report. Helsinki: Taloustieto Oy. http://www.tem.fi/files/24926/InnoEvalFi POLICY Report 28 Oct 2009.pdf.

Miettinen, R. 2013. *Innovation, Human Capabilities, and Democracy: Towards an Enabling Welfare State*. Oxford: Oxford University Press.

Niinikoski, M. 2011. "Innovation: Formation of Policy Field and Policy-Making Practice." Doctoral Dissertation 40/2011, Aalto University.

OECD(Organisation for Economic Co-operation and Development). 1992. *Technology and the Economy: The Key Relationship*. Paris: OECD.

Ormala, E. 1999. "Finnish Innovation Policy in the European Perspective." *In Transformation towards a Learning Economy: The Challenge for the Finnish Innovation System*, edited by G. Schienstock and O. Kuusi, 117-129. Sitra 213. Helsinki: Sitra.

Pajarinen, M., P. Rouvinen, and P. Ylä-Anttila. 2012. *Uutta arvoa palveluista*. ETLA Series B256. Helsinki: Taloustieto Oy.

Prime Minister's Office. 2004. *Strengthening Competence and Openness: Finland in the Global Economy*. Interim report. Helsinki: Prime Minister's Office.

RIC(Research and Innovation Council). 2010. *Research and Innovation Policy Guidelines for* 2011—2015. Kopijyvä Oy. http://www.minedu.fi/export/sites/default/OPM/Tiede/tutkimus-ja innovaationeuvosto/julkaisut/liitteet/Review2011-2015.pdf.

——. 2012. "State Research Institutes and Research Funding: A Proposal on a Comprehensive Reform." Prime Minister's Office, Helsinki.

Rouvinen, P., and P. Ylä-Anttila. 2003. "Case Study: Little Finland's Transformation to a Wireless Giant." *In The Global Information Technology Report*, 2003—2004: *Toward an Equitable Information Society*, edited by S. Dutta, B. Lanvin, and F. Paua, 87-108. New York: Oxford University Press for the World Economic Forum.

Schienstock, G. 2004. "The Finnish Model of the Knowledge Economy." In *Embracing the Knowledge Economy: The Dynamic Transformation of the Finnish Innovation System*, edited by G. Schienstock, 106-127. Cheltenham: Edward Elgar.

STPC (Science and Technology Policy Council). 1990. *Guidelines for Science and Technology Policy in the 1990s*. Helsinki: Government Printing Office.

Tainio, R., M. Pohjola, and K. Lilja. 1999. "Economic Performance of Finland after the Second World War: From Success to Failure." In *National Capitalism, Global Competition, and Economic Performance*, edited by S. Quack, G. Morga, and R. Whitley. Amsterdam: John Benjamin's Publishing.

Vartia, P., and P. Ylä-Anttila. 1996. *Kansantalous* 2021. ETLA Series B126, Sitra 153. Helsinki: Taloustieto Oy.

第三章　产业变革

韦莎·萨米宁　卡勒·拉敏麦基

芬兰国内市场小，实行知识型经济模式，受全球市场和国际竞争的影响程度日趋加深。芬兰有其独特的竞争优势，但是也面临着国内外的种种挑战，努力保持其在国际市场上的地位。

本章中的关键信息与经济危机和结构变革相关。对于融入全球市场经济的各国经济体而言，经济危机和结构变革对其发展有着重要影响。国家的命运取决于如何准备和应对挑战。在大变革时期，前瞻性的国家创新系统至关重要（研究、创新、教育、经济政策以及其他要素），需要为即将到来的转型做好准备工作。

背后的原因：芬兰经济环境现状

2013 年，欧元区的经济衰退仍在继续，而且全球的经济环境依然不稳定，为芬兰未来的发展蒙上了一层阴影。尽管芬兰在结构方面的竞争力相对较强，但不可否认其生产力增长正在放缓（见图 3.1），国际收支状况恶化（见图 3.2），而且以芬兰的标准而言，失业率也相对较高（2012 年失业率达到 8%）。

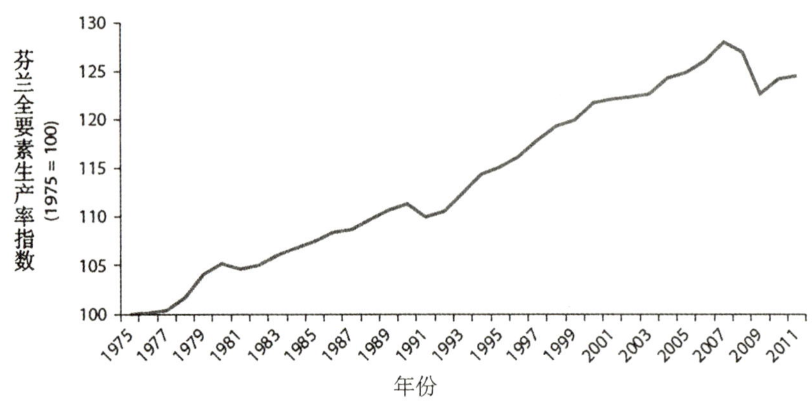

图 3.1　1975—2011 年芬兰全要素生产率

资料来源：经济合作与发展组织（OECD）数据（stats.oecd.org）。

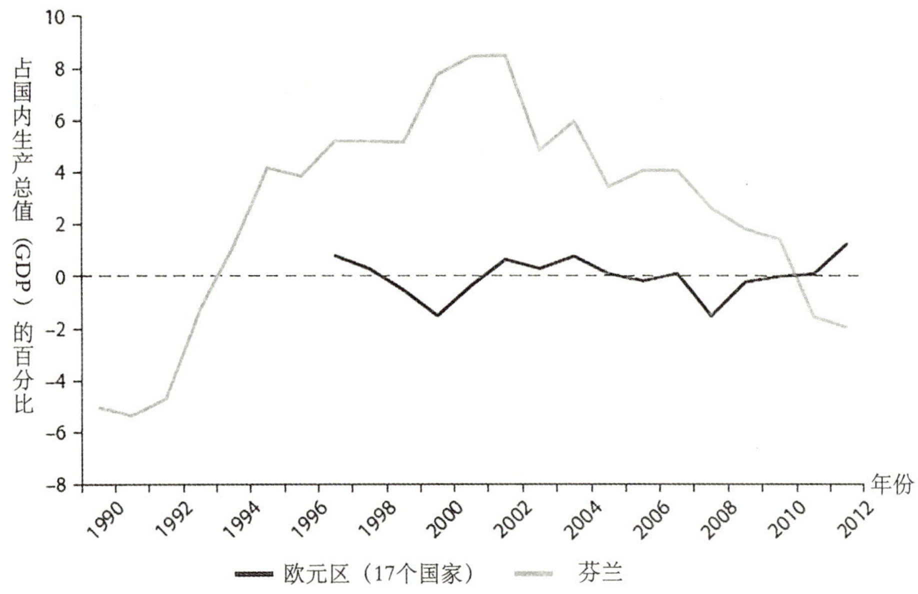

图 3.2　1990—2012 年国际收支差额（主要经济指标）占芬兰和欧元区（17 国）GDP 总值的百分比

资料来源：经济合作与发展组织（OECD）数据（stats.oecd.org）。

工业生产历来是芬兰经济发展的重要引擎。直到 20 世纪初，工业生产的增长一直快于芬兰整体生产的增长。但是由于 2008 年经济危机的影响，芬兰的工业生产水平也一直在下滑，尚未恢复到 2008 年之前的生产水平（见

图 3.3)。尤其是通信设备以及相关服务的出口量下降,主要原因在于诺基亚的经营问题和产业的结构变化。可以预期在未来的一段时间里,芬兰的经济增长会持续放缓(Pohjola,2010)。

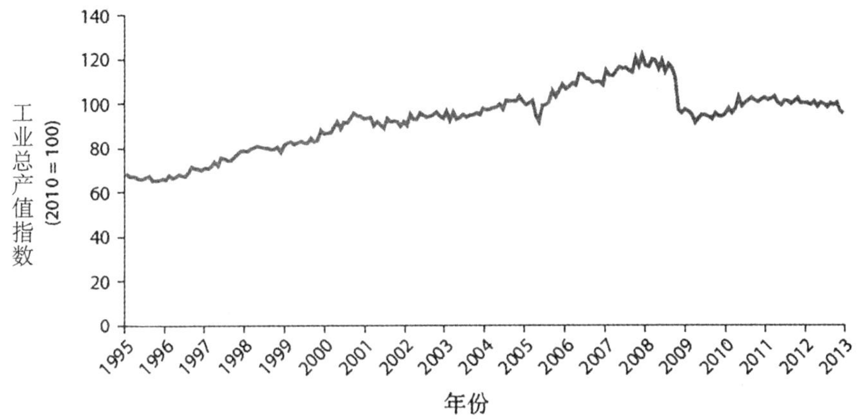

图 3.3 1995—2013 年芬兰工业总产值

资料来源:经济合作与发展组织(OECD)数据(stats.oecd.org)。

与此同时,芬兰也在经历另一产业转型。许多人认为北欧福利国家模式处境堪忧,而其担忧的原因在于芬兰公共部门债务不断增加,而出口业务(森林工业、金属和机器产业、电子行业和信息通信技术产业)却在不断下降。确实在 20 世纪 90 年代,上述核心经济领域在芬兰经济增加值发展中的比例高达 70%,而在 21 世纪初其比例降至仅 50%(Pohjola,2010)。这种转型在就业数据上也可以清晰地显现出来:服务业吸收就业比例超过 70%,而第二产业仅占 26%。1950 年服务业吸收就业的比例仅为 30%,而当时第一产业吸收就业的比例为近 40%(见图 3.4)。

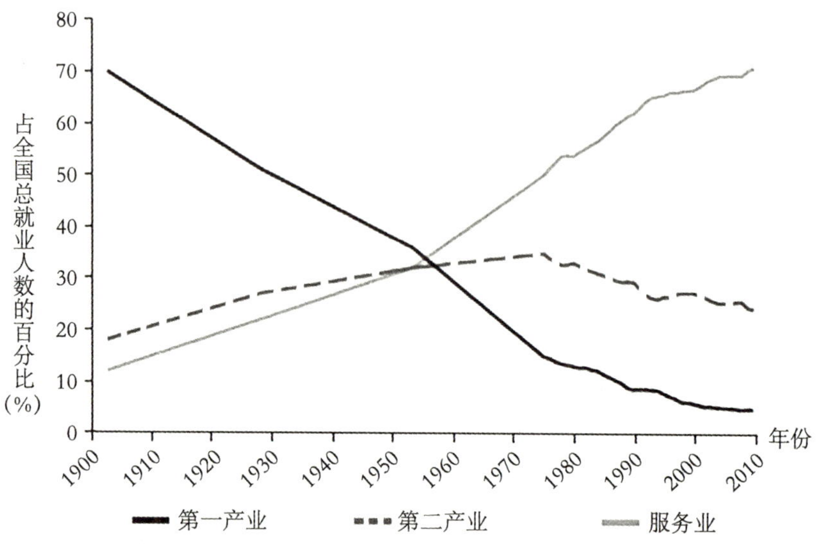

图 3.4 1900—2010 年芬兰第一产业和第二产业及服务业的就业人数占全国总就业人数的百分比

资料来源:Pajarinen, Rouvinen and Yla-Anttila,2012。

上述所有的变化(专栏 3.1 详细介绍了诺基亚的案例)要求调整政策并采取新的举措,尤其是在推动创业活动和产业变革方面。本章以下部分会详细介绍该领域中的最新举措。

专栏 3.1

诺基亚:强调持续革新的需求

诺基亚的发展历程是芬兰由资源型经济向知识型经济转型的很好的实例。经济转型的特点是持续的变革和不断适应全球趋势。这表明即便是大企业也很容易受到全球市场变化的冲击,也必须不断重塑自己。

诺基亚公司成立于 1865 年,最初是一家纸浆厂,植根于芬兰另一"大行业",即森林行业。1867 年,诺基亚公司收购了一家电缆公司和一家橡胶公司。在接下来的数 10 年中,电缆和橡胶成为诺基亚公司核心知识和业务的基础。

20 世纪 80 年代,诺基亚收购了数家电子公司,开始将重点向电子消费品和电子通信业务转移。起初这种新战略并不成功，原因是20世纪90年代的经济萧条极大地冲击了诺基亚公司。结果是，诺基亚加强了其对电子产业的支持力度，尤其是电子通信业务，并出售了很多昔日的核心业务，包括森林、电缆、电视和橡胶业务。从1995年至1999年，诺基亚公司的年均增长率超过30%，到1998年发展成为世界领先的手机制造商，营业额增长至310亿欧元。

在过去的10年间，随着媒体、信息技术和通信等数字技术融合的发展，全球趋势由硬件生产转向提供服务和内容，而诺基亚已经再一次实现自我改造。诺基亚开始发展触屏手机，并调整其经营重点，由硬件转移至软件和移动服务，但是起步较晚。诺基亚的竞争对手曾不断冲击诺基亚的设计、应用和软件平台，而诺基亚也设法适应并调整。自2000年以来，诺基亚已经收购了很多与服务相关的公司，包括共享媒体、音乐平台、移动设备广告和地图数据平台。2007年，诺基亚和西门子合资成立的移动网络公司正式启动。2011年，诺基亚宣布2月份与微软建立战略伙伴关系，并于10月份发布第一款Windows手机。

然而，诺基亚公司在其设备上采用Windows操作系统的战略并没有开花结果。2013年9月3日，微软公司宣布收购诺基亚的手机业务(Ali-Yrkko等，2013)。从某种意义上而言，诺基亚手机业务的出售意味着芬兰一个时代的结束，诺基亚不再是芬兰经济的旗舰企业。但是诺基亚公司依然存在，只是规模变小，保留了其诺基亚解决方案和网络的相关设备和业务(2013年7月诺基亚收购西门子公司的部分份额)以及HERE的定位服务。此外，诺基亚公司依然拥有一系列专利和其他的知识产权。

该案例的观察结论：

- 高生产率和高增长往往得益于创新，并出现在新兴的市场部门。
- 为保持竞争力和创造就业岗位，包括知名公司、成熟公司在内的各类企业必须寻求发展的新机遇，并相应地调整其战略。
- 政府政策应该鼓励和促进产业转型，以求在将来创造更多更好的就业岗位以及提高人民生活水平。

日益激烈的全球竞争

芬兰和多数国家经济体正处在全球化的新阶段。经济全球化起始于20世纪90年代。冷战的结束和电子通信革命推动了工业生产的转移,转移对象为提供有利生产成本、基础设施不断完善以及劳动技能不断提升的国家。不同生产要素的相对重要性发生了变化,知识密集型竞争力变得尤其重要。

芬兰目前应对全球化挑战的方式很大程度上与其他生产成本高的发达国家基本相同。但是芬兰国土面积小且处在外围,与德国、法国等国家在很多方面都截然不同。例如,与其他小型经济体不同,大型经济体可以更有效地利用其国内市场,以专注于不同的产品。但是芬兰国内市场狭小,迫使小型的新公司在创立之初就在国际市场上寻求发展和扩张。此外,小国还必须非常积极地从其他国家的知识中心引入并传播知识和技术。

基于国内生产总值的经济指标可能会形成误导,因为这些经济指标往往不能反映一个国家在全球价值链上的位置。锁定所售产品附加值的创造位置十分关键。中国生产的手机就是很好的例子:手机出售后,仅有极少比例的附加值是在中国创造的,而大部分的附加值是在发达国家产生的,包括手机品牌、专利、设计、服务内容以及其他非材料方面(Pajarinen, Rouvinen and Yla-Anttila,2010)。在一个国家中所创造附加值的比例是至关重要的,因此每个国家应该确定自身在全球价值链中的产业位置,并以此评估为基础,在创新政策中找出可以增加附加值创造比例的方法。正如本书所言,对知识和知识密集型产业的投资是提高全球竞争力的重要途径。

近年来的经济危机已经凸显出应对冲击能力的重要性。长期以来,芬兰经济曾一直被视作世界最具竞争力的经济体之一,尤其是芬兰对教育机构的长期支持,普通民众的高水平福利待遇,劳动力市场的公平性,以及公共机构的高效率。与其他国家相比,芬兰在上述方面获得了很高的评价,甚至在经济危机期间,芬兰经济也依然保持活力。

然而,由于近年来国内外经济和社会的发展,芬兰需要不断重塑其吸引力和竞争力。首先，原有的福利及相关的产业不会过快减速，这一点至关重要。芬兰产业结构以多样化为特点，并获得了芬兰教育和研究领域的支持，具有独特的商业、技术和协作优势。这种复杂性带来了很大的发展潜力，但也面临着日益加剧的国际竞争。如果产业基础不够广泛，芬兰会很容易受到外部冲击和不利变化的影响。这一点不仅可以从芬兰的发展历程中得到验证，也可以从其他数个发达国家和发展中国家的经历中得到证实（Szirmai，Naude and Alcorta，2013）。

同时，应该出现新资源和新收益模式，而且最好是在不远的将来。芬兰产业结构中小部分的老牌大型企业一直居主导地位。随着生产向国外市场转移，上述企业在芬兰生产、出口和吸收就业等方面所占的比例已经非常低了。而且芬兰的商业研发高度集中：前十强公司的研发占商业领域研发总量的 60%，而单单诺基亚一家公司所占份额竟接近 50%。

实际上，创新全球化意味着芬兰境内开展的研发活动正在发生变化，在协调性、概念设计以及管理工作方面更具挑战性，而日常运营、市场调整和定制化工作越来越多地移向境外。主要由芬兰人主导和运营的企业也面临着同样的情形。因此，芬兰迫切需要建立积极开展创新活动和采用创新发展模式的新企业，以弥补大型企业造成的损失。芬兰面临的问题不是新企业数量少，而是“领头羊”数量少：可以快速发展和国际化的中小型企业。芬兰新公司的期望增长值和实际增长值存在差距，但是导致差距的具体原因尚不清楚，很可能与高增长型创业兴趣缺乏、风险规避、高增长型企业经营经验不足以及资金不足有关（Autio et al.，2013）。但是，现在芬兰在这方面已经有所改善，而且与其他国家相比，芬兰做得越来越好（Napier et al.，2012）。

近年来，芬兰未来的发展越来越少地依赖于少数主导产业和公司，而更多地依赖于广泛的创业活动。这对芬兰的研发和创新政策是一项巨大的挑战。曾经在追赶先进经济体阶段支持财富积累的政策与当前在全球化背景下促进先进经济体繁荣发展的政策并不相同（芬兰经济与就业部和芬兰教育与文化部，2009）。芬兰过去取得成功很大一部分原因在于对教育和研究的长期支持和投资。尽管上述政策组合在芬兰仍然占据非常重要的地位，但是研发强度或者教育成果本身并没有达到足够的水平以实现预期的增长率。创新工厂项目(专栏 3.2)、德莫拉(Demola)开放创新平台和针对新创企业的维哥(Vigo)企业加速器计划(详见第六章中的专栏 6.2)都是芬兰政府尝试促进广泛创新和创业活动的实例。

专栏 3.2

创新工厂:推动创业活动

创新工厂成立于 2009 年,是芬兰国家技术创新局、芬兰技术城市园区(Technopolis,芬兰技术园区的经营者)和诺基亚公司合资创办的为期 3 年的项目。创新工厂从事新业务的开发和经营工作,其新业务与诺基亚公司的核心业务没有交叉。目标是推动创业活动,从成千上万个创新想法中筛选出近 100 项新的研究项目,供公司投资经营。创新工厂的初步目标是筹集 800 万欧元的项目资金,其中包括 450 万欧元的公共资金。其余资金分配至芬兰的 8 座城市。一直到 2013 年,该项目由科技城市风险投资公司(Technopolis Ventures)负责协调和推进工作,之后由开放创新管理公司(Open Innovation Management)接管。

由于创新工厂依赖于诺基亚无形资产的产权,所以其经营不可能完全开放,而且创新工厂已创建具体流程以开发诺基亚提出的想法并实现其想法的商业化经营。芬兰国家技术创新局拥有关于项目资金的最终决定权。

在创立之初,创新工厂在开发新业务方面被视作颇具开创性且独一无二的项目。初步成果非常鼓舞人心。创新工厂在成立的最初数年中已经创造了 250 多个就业岗位和 50 家新公司。目前其投资总额约达 3 000 万欧元,其中约 1 500 万欧元为风险资本。2012 年芬兰其他数家大型企业也作为引导公司加入创新工厂。欲了解更多信息,请访问开放创新管理公司(Open Innovation Management)网站(http://www.openim.fi/eng/services.php)。

本案例的观察结论:

- 大型的技术公司可以成为新企业的重要创始人和投资人。
- 从传统产业到知识经济的转型过程对各企业都会造成重大影响。各企业需要新能力，且必须舍弃一些原有的能力和业务领域。

• 诸如创新工厂等协作创新解决方案（公私合作）可以推进转型的顺利开展，并创造新的增长点和新的就业岗位。

产业转型进行时

如同多数发达国家一样，服务业应该是芬兰经济增长和改善人民生活最有前景的产业之一。虽然许多传统工业部门的时代并未结束，但是发达国家工业部门吸收就业的比率在稳步下降。这种趋势会一直持续下去，未来甚至可能会加速下降。与此同时，服务业对经济发展、就业增长和生产力提升的重要性会日益增加。例如，服务业吸收就业的比率从 1991 年的约 60%（1950 年为 30%）上升至 2012 年的 70%以上（见图 3.4）。

此外，将经济划分为服务业和工业的分类方法不再可行，原因在于两者之间的界限愈见模糊。企业的生产过程在全球的分布越来越分散，这使得企业也越来越容易便捷地迁移其部分经营业务和部门职能，如实体生产活动等。因此，许多传统工业公司已经成为服务公司，其经营业务中仅有一小部分是生产实体商品（Pajarinen，Rouvinen and Yla-Anttila，2012，8）。事实上，很多芬兰的领先企业（如诺基亚和机械产业）也是最重要的服务出口商。如今工业劳动力中半数人员从事的是与服务相关的工作。

—专栏 3.3

芬兰德莫拉学生创新创业中心：推动开放式创新

芬兰德莫拉（Demola）学生创新创业中心由政府提供资金，是一个开放性的平台。大学生、企业和教育机构可以在这个平台上展示关于产品和服务的理念（原型或者“样本演示”），并应用于实践以解决实际问题。德莫拉平台运转的基本逻辑是学生团队拥有无形资产的知识产权，可以以预先确定的价格转让于参与德莫拉平台的公司，或者由新的独立子公司进一步研发。如此一来，大学生可以获得实际商业项目的相关实践经历，而企业可以获得新视角和新理念。

在芬兰，德莫拉平台由私营中介公司赫米亚(Hermia)负责经营和协调工作。赫米亚(Hermia)公司和诺基亚公司共同提出德莫拉平台的提议。2008年，第一个德莫拉平台创建于坦佩雷；此后，这一概念成功扩展到维尔纽斯(立陶宛)、布达佩斯(匈牙利)和奥卢(芬兰，2012年)。到目前为止，大约有1 500名学生和100个企业参与约250个项目，据称其中90%以上都用于商业用途。

广义上而言，德莫拉平台产生的效益和影响更深远、更广泛。虽然关于其广泛的影响并没有准确的评估，但是其初期成效显示前景广阔，而且各方对此反响积极。德莫拉平台是大学和企业合作开展开放式创新的很好实例，其优势在于中立的立场和设施环境，不依赖于任何参与方；而且在成本效率、灵活性、创新成果所有权管理、平衡学生和企业需求等方面也占有优势。此外，该平台似乎可以相对便捷地转向其他经营模式。有关该平台的更多信息，请参见德莫拉网站(demola.net)。

在坦佩雷，德莫拉已经与其他两个开放式创新概念，即普罗特莫(Protomo)和寻塔莫(Suuntaamo)，整合成为"新工厂"平台，为学生、个体企业家、研究人员和开发商提供开放式创新的有利环境，使其将理念转变成样本、试点项目、产品和服务、新业务以及新工作。有关更多信息，请访问以下网站：普罗特莫(http:// www.protomo.fi)；寻塔莫(www.suuntaamo.fi)；新工厂(http://newfactory.fi)。

本案例的观察结论：

- 知识经济中的创新过程越来越复杂，各方间的相互依赖性也日益增加。创新活动需要各利益相关方的积极参与，利用一切可用的知识和能力。
- 类似德莫拉等平台为设计和组织协作平台提供了范例，而协作平台旨在促进开放式创新。

传统观点认为服务业生产率的提升速度无法与工业生产率的发展速度相提并论,而且服务业的增长可能会影响经济的发展(Baumol)。然而,服务的数字化使之发生了变化(Pajarinen, Rouvinen and Yla-Anttila,2012,7)。目前研究、开发和创新活动的焦点日趋转向服务(专栏3.4)。随着新兴经济体不断增加其传统工业产品的生产,服务正在逐步成为全球竞争中的新资产(Pajarinen, Rouvinen and Yla-Anttila,2012,7)。但是有些人认为在成为服务生产商之前首先必须得是工业生产制造商(Pajarinen, Rouvinen and Yla-Anttila,2010),在生产过程中,将服务附加在实体产品上。

专栏3.4

芬兰赫尔辛基论坛:发展数字化服务

芬兰赫尔辛基论坛(Virium)成立于2006年,旨在推进企业、赫尔辛基城市及其居民在开发数字服务方面的合作。基于开放性的经营原则,创新活动早期便使用户(城市居民)参与创新过程和合作项目,该论坛孕育出多项具有革命性的体系创新成果。

合作始于明确开发、服务和用户需求。随着理念逐步成型,赫尔辛基论坛会迅速开展试点项目,在实践中测试服务概念。重点领域为:①人民福祉;②智能城市;③新形式媒体;④环境和可持续性;⑤创新采购;⑥发展服务;⑦创新社区。赫尔辛基论坛在创新过程中扮演着很多角色,从项目顾问到项目执行者,其扮演的角色取决于项目的目标和团队的安排。

赫尔辛基论坛拥有多元化的成员,包括小型和大型的参与方。多元性和多样化为服务开发带来了新的视角和新的方式,也折射出合作发展城市创新面临的种种挑战。该论坛是赫尔辛基城市组织的创新单位,在贯彻落实赫尔辛基智能和开放城市战略上发挥着重要作用。赫尔辛基论坛在国际合作方面非常活跃,其开展的很多项目已经获得国际的认可,如赫尔辛基地区信息共享项目,该项目旨在解决公共数据的开放性问题。欲了解更多信息,请参阅该论坛网站(http://www.forumvirium.fi/en)。

本案例的观察结论:

- 在探索可持续的社会创新过程中,城乡居民和民间团体的参与至关重要。服务、基础设施和政府监管的发展需要各方合作,而国家政府和市政当局可以在这方面发挥决定性作用,具体做法是使普通民众参与到协作中。
- 开放的公私合作模式和平台是组织各方协作的有效途径,赫尔辛基论坛便是公私合作模式的成功试点。

信息通信技术领域的发展前景

20 世纪 90 年代和 21 世纪初电子产业的成功已经成为历史。近 10 年来,电子产业发生了很大的变化,诺基亚产业群显著萎缩。诺基亚公司的很多分包商已经被迫减少生产或将生产转移至制造成本较低的国家。2011 年以来,诺基亚产业群已裁减了约 14 000 个就业岗位,但是这其中的很多人已经成功找到了新工作(详见专栏 3.5 诺基亚转职衔接计划)。中小型企业创造的就业岗位多于大型企业。事实上,规模小于 250 人的企业创造新就业岗位的数量占总数的 9/10 以上(芬兰就业与经济部,2013,13)。中小型企业更注重国内市场,而非出口至国际市场。由于将目标客户群扩展至其他国家需要大量的投资,所以小型企业往往会选择国内市场。

简而言之,芬兰信息通信技术领域已经发生了变化,从生产实体产品(硬件)到生产服务(软件、数字服务)。硬件生产已经被转移至低生产成本的国家,而需要高等教育人才的知识密集型产业成功维持其现有地位,甚至有所增长(Hernesniemi,2010)。

专栏 3.5

诺基亚转职衔接计划

2011 年,诺基亚公司启动诺基亚转职衔接计划(Bridge Program),帮助下岗工人接受职业培训，寻找新工作。该项目在17个地方开展，其中有4个位于芬兰。转职衔接计划帮助面临裁员威胁的诺基亚员工和离职员工在诺基亚公司内部或外部寻找就业机会，为其提供继续教育和职业再教育，以及协助参与者创建自己的公司（诺基亚，2011）。相对而言，该计划已经基本实现其目标，2012年70%的参与者成功再就业（芬兰广播公司，2012）。

作为该计划的一部分，诺基亚为有意创立自己公司的参与者提供大量的资金。每个初创公司最多可获得25 000欧元，但是存在限制条件，即新创公司中的诺基亚前职工不得超过四人。2012年，近250家公司通过该项目获得资金支持。其中，近半数的初创公司属于信息通信技术和移动应用领域。其商业理念往往源自于参与者早在诺基亚公司工作时就希望开展的项目，但是由于公司战略或其他原因未能付诸实施。例如，乔拉公司（Jolla）便是由诺基亚前职工创立的初创企业，最近已经发布其首款手机，采用的是诺基亚数年前搁置的米狗（MeeGo）操作系统。

本案例的观察结论：

- 大型企业可能会面临重组，而政府应鼓励大型企业开展创新项目，激励其员工创立衍生独立公司以及创造就业岗位。

为应对这一结构性的变化，芬兰经济部长于里·哈卡梅斯（Jyri Häkämies）成立了一个工作小组，专门研究ICT行业正在遭遇的挑战并探索解决问题的可能途径。

芬兰信息通信技术2015工作组指出，数字技术和服务可以更好地整合应用于工业产品中，而且数字技术在控制全球价值链方面未能充分发挥其作用（芬兰信息通信技术2015工作组，2015）。工作组在其分析中指出，信息通信技术基础设施不完备，而且应该把信息通信技术视作整个社会的工具，而不仅仅是一个经济部门。工作组敦促芬兰政府鼓励公共和私营部门在其经营中采用信息通信技术，融合信息通信技术的相关元素。此外，也敦促芬兰政府重视信息通信技术在创造产品和服务附加值方面的作用（芬兰就业与经济部，2013)。

那么经历结构调整之后信息通信技术产业留下的是什么呢？首先，尽管因为结构调整，一些部门(以及一些地理区域)的大量就业岗位流失，但是芬兰的信息通信技术部门依然十分强大。事实上，由于信息通信技术服务和软件的发展，信息通信技术部门依然创造了大量的就业岗位(见图 3.5)。

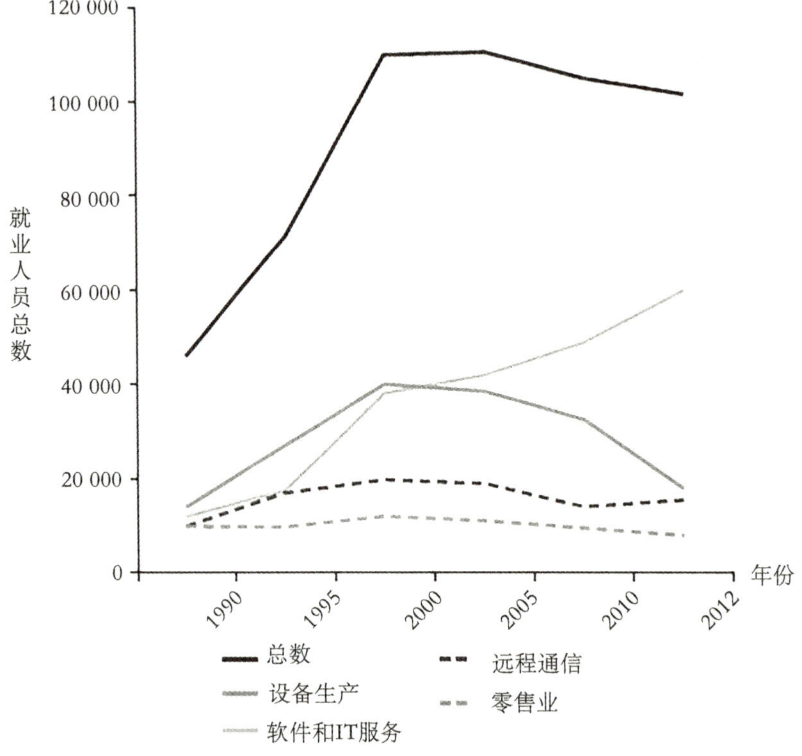

图 3.5　1990—2012 年芬兰信息与通信技术领域的就业情况(按照类别)

资料来源：基于阿里-雅克(Ali-Yrkko)等，2013；芬兰统计局数据(https://www.tilastokeskus.fi/index_en.html)。

阿里-雅克(Ali-Yrkko，2013)等人认为：

> 芬兰信息通信技术领域已经发生了巨大的结构性变化，其硬件制造商裁减员工，而软件公司却在招聘更多的员工。由此，芬兰信息通信技术领域不再仅仅依赖于诺基亚公司。

最近的几年时间已经见证了众多新信息通信技术公司的诞生和发展，其中发展最快的是游戏生产商 Rovio 娱乐有限公司和 Supercell 游戏开发公司。但是在芬兰还有其他数千家软件公司。芬兰信息通信技术领域的发展活力不仅要求新公司的成立，还要求现有经营企业成功转移其部分业务。微软—诺基亚之间的交易对芬兰经济的总体影响只能交由未来去判断。

其次，芬兰企业在信息通信技术领域的某些具体部门拥有卓越的技术，比如移动应用和服务等(芬兰就业与经济部，2013，17)。芬兰企业在这些部门拥有众多关键的技能、知识和专利。美国艺电、爱立信、华为、英特尔、三星等众多信息通信技术跨国企业已经在芬兰设立了研发部门，表明这些企业认可芬兰工作人员在信息通信技术方面的技能质量。芬兰人对信息通信技术的知识储备有利于公司的发展，尤其是处在移动技术等领域研发前沿的公司。与诺基亚产业群全盛时期相比，此时芬兰人才的分布更为分散，但是这对初创企业和成长型企业(如专栏 3.6 介绍的芬兰游戏产业)的发展提供了沃土。芬兰信息通信技术 2015 工作组指出，政府的职能在于创造有利的环境，促进所有企业的变革和发展(芬兰就业与经济部，2013，10)，同时支持具有蓬勃活力的大型企业。

专栏 3.6

游戏行业和信息安全产业群

芬兰的游戏产业(包括手机游戏、电视游戏、个人电脑游戏以及网络游戏)正在快速发展，2012 年的增长率达到约 200%。据预计，整个产业的总营业额为 8 亿欧元(2012 年为 2.5 亿欧元)。多数游戏公司规模较小，仅有少数公司的员工超过 50 名。其中最有名、最成功的游戏公司当属 Rovio 娱乐有限公司(《愤怒的小鸟》)和 Supercell 游戏开发公司(《部落冲突》)。两家游戏公司均已使用公共资金(如芬兰国家技术创新局的资金)发展各自的产品和业务。Supercell 游戏开发公司曾是维哥企业加速器计划的一部分(详见第六章中的专栏 6.2)。2013 年 11 月，日本投资商以约 15 亿美元(几乎是诺基亚手机业务出售价格的1/3)的价格收购了该公司。

信息通信技术产业中另一个年增长率较高的领域是信息安全行业。2012年,数10家芬兰公司形成芬兰信息安全产业集群(FISC)。截至2013年,芬兰信息安全产业集群已经涵盖了约50家企业(如F-Secure)公司,近2 000名信息安全专家。近年来,该产业集群的年均增长率已经超过20%。而且尽管经济危机仍在继续,但据预计该产业集群会继续增长。目前全球网络安全市场的总值约600亿美元,预计在未来5年的时间里会翻一番,在2017年达到1 200亿美元。

上述两种行业,即游戏行业和信息安全行业,其目前的规模仍然相对较小,而且是近期发展起来的行业。然而这两种行业发展非常迅速,甚至会超出预期。游戏行业和信息安全行业都面临着专业人才匮乏的挑战,这方面的挑战也是近期信息通信技术领域结构变革的特征之一。这两种行业都是自下而上发展起来的,换句话说便是从民间私营公司发展起来的,但芬兰政府(通过战略规划和公共资助机构)在制定有利架构和政策来改善这些行业的发展前提条件方面发挥了重要作用。为改善这两种行业的发展前提条件,芬兰信息通信技术2015工作组曾提议以下举措:①增加游戏行业职能培训的数量和质量,满足其人才需求;②贯彻落实试点项目,使"游戏化"和游戏界面形式融合于其他行业和公共部门中。

推进信息安全产业发展的措施包括:①在高等院校中加大数据安全培训和研究力度;②在芬兰建立网络安全中心。新建的网络安全中心也是芬兰企业的合作伙伴,共同开发信息安全新方案。

欲了解更多信息,请参阅2015年信息和通信技术工作组2013;Neogames网站(WWW. neogames. fi);芬兰信息安全产业集群(FISC)网站(http://fisc.fi/)。

本案例的观察结论:

- 经济会朝着更高生产力和更高附加值的方向继续演变,而创新则是变革的驱动力。
- 有时新产业,如芬兰的软件和游戏行业,是从现有产业群中独立出来的，或出现于新领域。起初，游戏行业并不被看好，认为不可行或没有发展前途，但是事实却恰好相反。各国家和各行业都在发生着类似的转变，只是转变的速度快慢不一。

小结和关键信息

芬兰是一个小型的知识型经济体，受国际竞争和全球影响的程度日益加深。尽管芬兰的整体实力有所提升，但依然面临众多国内（不断恶化的人口抚养比、相对较高的失业率、生产发展放缓等）外的挑战，在努力维持其在国际市场上的地位。全球竞争激烈程度显著加剧，新兴经济体挑战着芬兰作为技能驱动型和知识驱动型经济体的地位。随着生产活动越来越多地转移至低生产成本国家，芬兰经济越来越依赖于较高附加值的出口产业。服务数字化已经为生产知识密集型服务创造了大量的机遇。服务业的新领域，如游戏行业和信息安全行业，被视作未来经济增长的新来源。但是其发展潜力仍然有待观察。

所有融入全球市场的国家的经济都深受经济危机和结构转型的影响。国家的命运取决于如何准备和应对挑战。在变革时期，国家系统（研究、创新、教育和经济政策）做好相应的准备以迎接即将到来的转型至关重要。国家不应只重视经济中的单一部门，而不准备替代方案。前瞻性规划（远见）是了解当前挑战的关键概念，第五章会加以详细阐释。

虽然政府行动很难直接促进和支持创业发展，但是正如本书所表明的观点，公共部门可以采取很多措施创造理想的环境，支持多种形式的创业活动，以及鼓励创新型公司寻求国际化发展。专栏 3.7 概述了本章中的关键信息。

—专栏 3.7—

第三章的关键信息

- 所有对外开放的经济体受国际竞争和全球影响的程度日益加深，尤其是小型的知识型经济体。其追求的目标不是避免竞争，而是要提升和保持竞争力。因此了解全球趋势、视变化为挑战对政策规划而言至关重要。国家应该持续进行经济变革，并时时为经济变革做好相应的准备。
- 提升经济整体生产力、加强竞争力、吸引投资者是一个长期的过程。总体而言，相关的横向规划应该跨越数 10 年，而不是仅仅数年，并且没有捷径可走。
- 此类转型呈现出典型的特点(如无形资产投资增加和知识型服务需求增长等)，可用于预测变革、进步或发展的具体阶段。
- 有时技术范式的变革会为快速发展提供良好机遇。广义上而言，信息通信技术在芬兰向知识经济转型的过程中扮演了重要角色。20 世纪 90 年代，芬兰政府支持信息通信技术部门的快速增长，并借助其力量发展知识经济。现在信息通信技术依然在芬兰经济中发挥着重要作用，但已经不再是政府干预经济的工具。

参考文献

Ali-Yrkkö，J.，M. Kalm，M. Pajarinen，P. Rouvinen，T. Seppälä，and A.-J. Tahvanainen. 2013. "Microsoft Acquires Nokia：Implications for the Two Companies and Finland." ETLA Brief 16，Research Institute of the Finnish Economy，Helsinki. http://pub.etla.fi / ETLA-Muistio-Brief-16.pdf.

Ali-Yrkkö，J.，and P. Rouvinen. 2013. *Implications of Value Creation and*

Capture in Global Value Chains. ETLA Report 16. Helsinki: Research Institute of the Finnish Economy. http://pub.etla.fi/ETLA-Raportit-Reports-16.pdf.

Autio, E., H. Rannikko, P. Kiuru, K. Luukkonen, R. Orenius, J. Handelberg, A. Bergenwall, and E. Berglund. 2013. *The Vigo Program Mid-Term Evaluation*. MEE Report 4/2013. Ministry of Employment and the Economy, Helsinki.

Finnish Broadcasting Company. 2012. "Nokian Bridge-ohjelma auttanut työttömiksi jääneitä [Nokia's Bridge Program Has Helped Staff Made Redundant]." Yle UUTISET, September 11. http://yle.fi/uutiset / nokian bridge-ohjelma auttanut tyottomiksi jaaneita/6289543.

Hernesniemi, H., ed. 2010. *Digitaalinen Suomi* 2020 [*Digital Finland* 2020]. Helsinki Teknologiateollisuus ry. http://www.teknologiainfo.net/content/kirjat/pdf-tiedostot / Sahko _ elektroniikka _ ja _ tietoteollisuus/digitaalinen_suomi-ekirja.pdf.

ICT 2015 Working Group. 2013. 21 *Paths to a Frictionless Finland*. MEE 18/2013. Helsinki: Ministry of Employment and the Economy. http://www.tem.fi/files/36671 / TEMjul 18 2013 web 15052013.pdf.

MEE(Ministry of Employment and the Economy). 2013. 21 *Paths to a Friction-Free Finland*. MEE 4/2013. Helsinki: Edita Publishing. http://www.tem.fi/files/35440 / TEMjul 4 2013 web.pdf.

MEE and Ministry of Education and Culture. 2009. *Evaluation of the Finnish National Innovation System*. Policy report. Helsinki: Taloustieto Oy. http://www.tem.fi / files/24926/InnoEvalFi_POLICY_Report_28_Oct_2009.pdf.

Napier, G., P. Rouvinen, D. Johansson, T. Finnbjörnsson, E. Solberg, and K. Pedersen. 2012. *The Nordic Growth Entrepreneurship Review*, 2012. Nordic Innovation Report 25: 2012. Oslo: Nordic Innovation.

http://www. nordicinnovation. org/Global/_ Publications / Reports/ 2013/NGER_2012_noApp.pdf.

Nokia. 2011. *Nokia Sustainability Report*, 2011. http://i.nokia.com/blob/ view/-/1961956 / data/1/-/nokia-sustainability-report-2011-pdf.pdf.

Pajarinen, M., P. Rouvinen, and P. Ylä-Anttila. 2010. *Missä arvo syntyy? Suomi globaalissa kilpailussa*. ETLA Series B247. Helsinki: Taloustieto Oy.

——2012. *Uutta arvoa palveluista*. ETLA Series B256. Helsinki: Taloustieto Oy. http://www. etla. fi/wp-content/uploads/ETLA-B256. pdf. Summary in English: Pajarinen, M., P. Rouvinen, and P. Ylä-Anttila. 2013. "Services: A New Source of Value." ETLA Brief, Taloustieto Oy, Helsinki. http://pub. etla. fi/ETLA-Muistio -Brief-11.pdf.

Pohjola, M. 2010. "Miten tuottavuuden kasvun käy? [What Will Happen to Productivity Growth?]" In *Kriisin jälkeen*, edited by P. Rouvinen and P. Ylä-Anttila. Sitra 288. Helsinki: Yliopistopaino.

Szirmai, A., W. Naudé, and L. Alcorta. 2013. *Pathways to Industrialization in the Twenty-First Century*. Oxford: Oxford University Press.

第四章　教育竞争范式

卡特莉・海拉

教育在芬兰知识经济中的作用得到了普遍认可，其教育成就在全球教育业绩排行中一直名列前茅。然而，由于日益激烈的全球竞争、人口压力和结构转型，芬兰教育体系需要进一步改善。

本章介绍了芬兰教育成功背后的关键因素，尤其是强调长期系统投资、提供综合基础教育和有效引导以及培养应对新挑战能力的重要性。

背后的原因：芬兰教育的成功

受教育程度高的人口是知识经济的关键资源，而综合高效的教育体系是培养高素质人口的必要条件。人们普遍认同高质量的综合教育体系是芬兰经济成功背后的重要基础。

芬兰教育体系模式的确引起了世界各地的广泛关注和研究。芬兰教育总支出和经济合作与发展组织成员国的平均教育支出持平（Kyro，2012），而且和世界其他国家相比，芬兰的教育体系水平位居前列。近年来，在全球范围内比较识字率、入学率和大学生毕业率的一项研究中，芬兰名列榜首（经济学人信息社，2012）。在21世纪初，芬兰在国际学生能力评估计划（PISA）中脱颖而出，该计划旨在评估15岁学生在数学、科学和阅读素质方面的学习成果。但是，该计划最近的调查结果显示，芬兰学生在阅读和数学方面的学习成果水平在不断下降(Hautamaki et al.,2013;Kupari et al.,2013)。这种下降表明目前正在发生的更深入的文化变革影响范围和程度很大,尤其是对芬兰年轻一代及其对正规教育的态度(Hautamaki et al.,2013)。这就进一步凸显出未来调整芬兰教育体系的重要性。

根据最新的国际学生能力评估结果,在欧洲国家中,芬兰在识字率和学生科学学习成果方面位居首位。芬兰这方面的成功主要归功于统一的基础教育、高素质的教师团队和学校的自治。其他因素包括芬兰社会对教育的积极态度、公民个人对教育学习和学校福利的支持以及高质量的图书馆体系。

除了男性和女性受教育程度都很高之外,芬兰的知识经济还基于平等的教育机会、终生学习的政策和灵活的教育体系,以满足市场对劳动力素质的新要求。例如,芬兰的男性和女性在数学方面的差异是最小的(Hautamaki et al.,2013)。尽管这其中的多数要素在北欧其他国家比较常见,但是在其他经济合作与发展组织成员国中却比较罕见。接下来的各部分会详细介绍上述要素。

系统性的长期投资

芬兰自独立以来一直系统性地投资教育事业,且投资力度比较大。提升教育水平是这个年轻国家独立之初就设定的国家政策,而且自独立之后教育投资一直是创新的关键驱动力。教育被普遍视作关键的竞争范式。

20 世纪 90 年代,对教育和研发的投资是芬兰从经济危机中恢复和经济结构调整的重要组成部分。比如,信息通信技术领域和诺基亚公司需要技能精湛的技术专家。20 世纪 90 年代,芬兰教育支出达到历史最高水平,已经非常接近经济合作与发展组织成员国中的最高教育支出水平。1995 年,芬兰教育总支出占其国内生产总值的 6.3%,而加拿大的这一比例为 6.7%(Kyro,2012)。2008 年,芬兰教育总支出和经济合作与组织的平均值持平,占国内生产总值的 5.9%,金额为约 1 000 亿欧元(Kyro, 2012; 芬兰统计局;详见第二章中的图 2.2)。

普通教育、职业教育和理工专科教育由芬兰中央和地方政府共同出资。所有的教育机构，不论是市政机构还是私营机构，均享受政府补贴。诸如每天免费一餐、教育材料和抵达学校的交通费用免费等学生福利增加了国家和城市的教育成本(Kyro，2012)。基础教育经费的分配以城市居住的6～15岁人口的总数以及城市的具体情况为基础。在分配中等以上的教育和职业教育及培训机构的经费时，会考虑学校上报的学生数量和芬兰教育与文化部设定的单位价格。政府以核心资金的形式分配理工专科院校的资金，核心资金基于三种形式，即每个学生的单位花销、项目资金和以绩效为基础的资金(芬兰教育与文化部，2013)。

根据国家的教育政策，芬兰一直将投资集中于实现高水平竞争力上(专栏4.1)。与全球其他国家相比，芬兰在中等及以下的教育和高等教育方面的教育支出位居首位。高等教育支出方面，芬兰每个大学生和每个专科院校学生的平均支出明显高于经济合作与发展组织的平均水平(Kyro，2012)。大学预算的70%由政府提供资金。芬兰有两所大学属于基金会大学，其他均为公立机构。每所大学和芬兰教育与文化部每三年设定运营目标和定性目标以及实现目标所需的资源。各所大学可以从国内外筹集资金(芬兰教育与文化部，2013)。理工专科院校领域的结构变革将会于2014年年初开始，第一阶段的变化将会包括对关于以下内容的法律的修正：融资模式、运营许可证和理工专科院校的教育责任等。

专栏 4.1

芬兰教育体系简史

19世纪，芬兰是俄国统治下的一个自治大公国，当时芬兰的官方语言是瑞典语。在芬兰建立学校体系之前，路德教会组织的旅行学校提供基础教育。民族主义运动的目标中包括在芬兰建立以芬兰语授课的国家公共教育体系。

齐格钮斯(Uno Cygnaeus)被誉为芬兰综合学校之父。他在1861年提出一项关于基础小学教育的计划和课程提案，还开始以芬兰语培训教师。独立于教堂的芬兰国家教育体系于1866年建立。1869年，在芬兰教育部下设立教育委员会以审查、监控和管理学校体系。1917年芬兰获得独立。

在芬兰教育体系发展过程中，学校审查曾在保证教育质量方面发挥了重要作用。20世纪初，贯彻落实学校审查政策；但是在20世纪90年代早期，政府停止了对学校的审查。目前，芬兰通过立法指示保证教育质量。

1921年，普通义务教育写入芬兰法律。1925年，批准基础义务教育的第一套课程。1946年至1952年，芬兰实施第二轮课程改革；1970年，进行第三轮课程改革。20世纪70年代，包含9年义务教育在内的综合学校得以成立。最新的基础教育核心课程始于2004年。

19世纪，芬兰的职业教育开始发展，以满足快速增长的工业和建筑业领域对人才的需求。

20世纪80年代以来，国家和地方为学校的信息技术应用提供资金支持。此外，国家还支持有关教师使用信息技术的培训(Sinko and Lehtinen，1999)。

理工专科教育不属于高等教育中的大学教育，于20世纪90年代开始发展。1996年，第一批理工专科院校实现持续稳定发展。目前，芬兰共有25所理工学院。

芬兰第一所大学赫尔辛基大学创立于1640年，建立之初是瑞典国家大学，位于图尔库。在其发展的第二阶段(1807—1917)，赫尔辛基大学更名为芬兰帝国亚历山大大学，并搬迁至赫尔辛基，曾是俄罗斯帝国大学网络的组成部分。其发展的第三阶段始于1917年，其时芬兰独立，该大学成为芬兰共和国的一所大学。1919年，该大学再次更名，被称为赫尔辛基大学。目前，芬兰共有16所大学。

高效引导结合地方自治

受教育权作为基本权利写入芬兰宪法之中。立法文书中包括有关以下内容的相关条款：总体目标、教授科目、教授语言、学习结果评估、学生权利和义务等。芬兰的教育政策指导思想是通过提供信息、支持和资金加以引导。芬兰共有48项有关教育的法案和法令(在芬兰教育与文化部网站上可以找到英文版本，www.minedu.fi)。欧盟、欧洲委员会、经合组织、联合国和北欧组织制定的政策和目标对芬兰政府在教育方面的政策和举措影响很大。

教育的管理体系在各个层面得以贯彻落实，从国家层面、地区层面到地方层面。芬兰政府和教育与文化部负责全国性教育政策的规划和实施。教育和研究发展计划会明确指出教育的方针路线，该计划由政府予以审核批准。几乎所有政府资助的教育机构均隶属于芬兰教育与经济部或者由其监管。此外，芬兰就业与经济部还负责准备与教育和科学相关的立法提案和国家预算提案，以及起草教育和科学相关的政府决议。另外，芬兰就业与经济部也负责通过绩效管理引导理工院校和大学的活动。理工院校是地方政府的或者私营的机构，而所有的大学或者是受公共法律约束的独立的社团法人，或者是受芬兰《基金法》管制的基金会大学。

区域政府行政机构和经济发展、交通与环境中心(即ELY中心；参见第六章)负责处理区域层面的一些教育问题。地方政府(也就是直辖市)负责为居住在本市的孩子提供基础教育。一般而言，中等以上的教育由地方政府或其国有企业集团、注册的组织机构和基金会组织负责提供。而职业教育和培训也可能由政府和国有企业负责提供(芬兰教育与文化部，2013)。

地方政府(最普遍的是直辖市或者联合市政府)决定资金分配、地方课程以及学校的自治程度。而学校负责教育的成效和质量。在教学实践中，由教师决定教学方式，包括教育材料。另外，学校自主组织其行政管理，而在大多数情况下，体现在自主招聘教职员工方面(芬兰教育与文化部，2013)。

教育政策的目标是通过提供信息、支持和资金而影响教育方向，而不是直接管控。芬兰法律法规和国家核心课程里规定教育目标，但是芬兰各个层面的教育自治程度非常高。芬兰教育委员会负责提供基础教育和中等以上教育的国家核心课程。核心课程决定对教育和教学至关重要的中心议题，比如教育目标等。地方课程由教育提供者设计，而在大多数情况下是由地方政府设计(参见专栏 4.2 和 4.3)。

综合教育结构

芬兰教育政策的主要目标是向所有的芬兰公民提供平等的受教育机会,不论其年龄、住所、经济状况、性别、母语或地理位置。基础教育完全免费,包括教学、学校教材、学校供餐、医疗保健、牙科护理、上学放学交通费用、有特殊需要的教育和辅导教学等(芬兰国家教育委员会,2013)。此外,通常情况下,义务教育之后的教育、高中教育之后的职业教育、理工院校或者大学均免收学费。

专栏 4.2

基础教育的核心和本地课程:保证质量均等和学校自治

芬兰基础教育(1 至 9 年级,7～16 岁)和中等及以上的教育(包括普通中等以上的教育,大学入学考试为其终点以及中等以上的职业教育)的核心课程由芬兰国家教育委员会决定,以政府法案和法令为基础,并由政府予以核准确定。课程设计包括不同科目的课程目标、核心内容、评估学生的原则、特殊教育、学生福利、教育指南、良好的学习环境、工作方法以及学习的概念等。目前基础教育的国家核心课程于 2004 年 1 月确定,于 2006 年 8 月引入学校。

由于灵活的时间分配,许多学校可能会以不同的方式聚焦于不同的科目。但是,芬兰各地区的所有学生在 1～6 年级(7～13 岁)期间接受相同的教育。虽然在 7～9 年级(14～16 岁)芬兰学生接受的教育也相差无几,但是在此期间灵活度更大,学生(官方说法是父母)可以更自由地选择科目。

基础教育教学大纲中所有学生需要学习的科目有母语和文学(芬兰语或瑞典语)、其他官方语言、一门外语(多数情况下是英语,但是根据每个学校的具体情况也有德语、俄语、法语及其他语种)、环境学、健康教育、宗教或道德伦理、历史、社会学、数学、物理、化学、生物、地理、体育、音乐、艺术和手工以及家政学。此外,地方政府和学校可以决定选修课程。核心课程还包括国家教育委员会推荐的移民母语指南等。在国家核心课程的框架内,地方教育当局和学校可以制定自己的具体课程设计。

欲了解更多信息,请参见国家教育委员会网站(www.oph.fi /english/education)。

—专栏 4.3

教育评估

芬兰法律规定,教育机构须履行评估其自身活动并参与外部评估的义务。评估数据用于改善教育体系、教育政策、核心课程和教师教学水平。

质量保证

质量保证的重点在于学校和教育机构的自我评估,旨在提供信息、支持和资金以确保教育质量,而非直接控制质量保证。立法文件中列出的教育目标、国家核心课程和教育质量要求是教育指南的关键文件。此外,学习结果的国家评估决定了预定目标的完成程度。教育工作者收到评估结果的目的是促进其发展。大学入学考试是唯一一项由国家进行评估的考试;参加该考试的考生为普通高中学生。

外部评估工作由独立的评估机构负责。芬兰高等教育评估委员会(FINHEEC)负责对大学和理工专科院校的评估,对其开展审计工作,旨在支持教育机构(基础教育、中等教育、职业教育、成人教育和瑞典语为授课语言的教育等)的教育评估事项。芬兰高等教育评估委员会和国家教育评估委员会均是芬兰教育与文化部的下属机构。芬兰教育委员会提供评估质量和结果方面的相关信息。欲了解更多芬兰教育评估实践的相关信息,请参阅第七章。

芬兰教育体系如下:一年的学前教育,自愿选择;九年的基础教育(综合学校);中等教育,分为两类,即普通教育和职业教育;高等教育,由大学和理

工专科院校提供(见图 4.1)。所有学生都有机会在完成一个等级的教育之后继续下一个等级的教育,这种权利受法律保护。完成一个等级教育的学生有资格进入下一个等级的学习教育。每个等级的资格条件由议会独立的法令予以规定。高等教育体系包括大学和理工专科院校,入学条件是拥有普通中等教育文凭或者职业教育文凭。大学一般分为学术机构和艺术机构,聚焦于研究和以研究为基础的教育;而理工专科院校提供与工作相关的教育以满足劳动力市场的需求,聚焦于区域发展(Hanhijoki et al.,2012;芬兰教育与文化部,2013)。普通中等教育、职业教育、理工专科教育和大学教育等均免收学费,但学生需要支付课本费用、上下课交通费用以及餐费(芬兰教育与文化部,2013)。

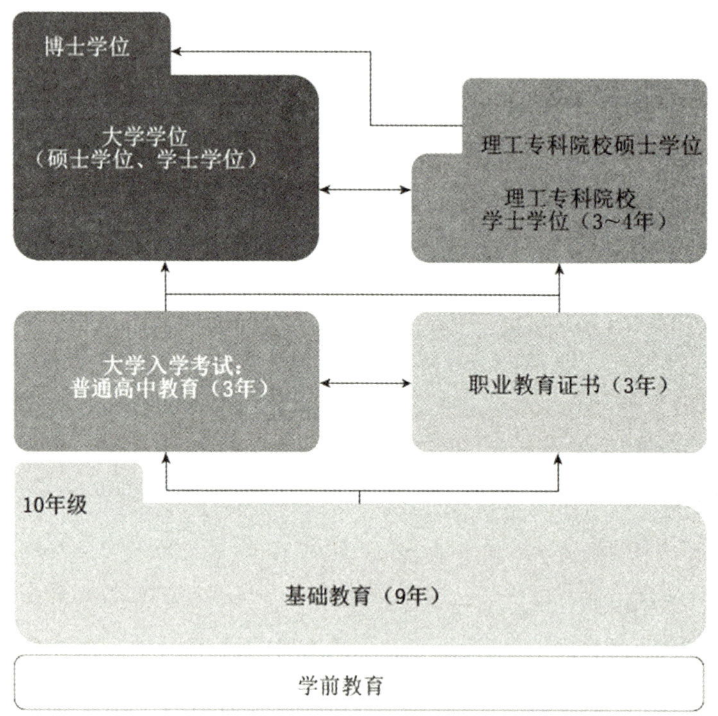

图 4.1 芬兰的教育体系

资料来源:芬兰教育委员会,2013。

芬兰教育体系区域配套设施完善。约有 3 200 所学校提供基础教育，近 200 家机构提供职业教育和培训，25 所理工专科院校和 16 所大学(芬兰教育与文化部，2013)。事实上，芬兰教育的一大特色在于教育质量的一致性，其教育质量不因学校所处地理位置而有所差异。芬兰的学校网络区域覆盖范围广，例如，在 2011 年接受基础教育的学生总数达到 541 000 人，公立学校的总数为 2 719 所。2007 年，提供基础教育的私立学校达到 59 所。芬兰人口分布稀疏的地区有很多小学校。几乎所有的学生都就近入学。2011 年综合学校的平均规模为 189 名学生(芬兰教育委员会，2013)。初中学校里班级的平均规模为少于 20 名学生(Kyro，2012)。

在芬兰，社会经济背景与学生表现之间的联系相对较弱(Hautamaki et al.，2013)。例如，2009 年国际学生能力评估计划调查结果显示，在所有的国家中，学生阅读水平都和其家庭背景相关，但是芬兰的差异比多数经合组织成员国都要小。阅读水平最高的国家中，社会经济背景和学生表现之间的联系最微弱，即加拿大、芬兰和韩国(Kyro，2012)。然而，正如赫泰马基(Hautamaki et al.，2013)所指出的那样，母亲的受教育水平和孩子对学习的态度是存在一定联系的。

芬兰教育体系的另一特点是在少数民族教育方面的安排非常全面。芬兰的官方语言有两种，即芬兰语和瑞典语。在所有提供基础教育的学校中，用瑞典语作为学习语言的学生比例约为 6%(芬兰统计局)。芬兰要求地方当局在讲萨米语的拉普兰地区用萨米语作为教学语言提供基础教育(芬兰教育与文化部，2013)。在提供基础教育的所有学校中，用萨米语作为学习语言的学生比例不到 0.1%(芬兰教育委员会，2013)。

芬兰的学校体系中不存在男校和女校。所有的男生和女生参加的都是男女混合学校。芬兰女性受教育程度很高。在中等教育学校中，57%的学生为女性；在所有类型的中等教育项目和继续职业教育项目中，女性占 51%；在理工专科院校中，女性占 55%。2009 年，芬兰近 92%的女性完成义务教育及以上水平的教育，而男性比例仅为 88%。相比之下，经合组织成员国中仅有 3 个国家(捷克、韩国和斯洛伐克共和国)25～34 岁完成义务教育及以上水平的女性比例高于芬兰。芬兰女性接受大学教育的比例也很高，在芬兰大学生中女性占 53%(Kyro，2012)。

培训教育工作者是成功的关键？

自 20 世纪 70 年代初期以来，综合学校的教师均接受过大学教育。20 世纪 90 年代中期，对幼儿园教师的培训工作转交给大学。萨尔贝格(Sahlberg，2010)指出，如今优秀教师被视作芬兰在国际学生能力评估计划中取得成功的关键因素。

教学是芬兰社会中备受尊敬的职业。要求获得硕士学位，才可以担任基础教育和普通中等教育的教师；职业教育的教师须持有相应的高等教育学历或硕士学历；理工院校的教师须持有硕士学位或研究生学历；一般情况下，大学的教师须具有博士学历或硕士学历。不同类型的教师职位，其资格要求也不相同，在芬兰《教学资格法令》中有相应的具体规定(986/1998)(芬兰国家教育委员会，2013)。

在芬兰，教师职业受政府管控，也就意味着要想成为一名教师必须符合具体的资格条件以及受教育水平(专栏 4.4)。原则上而言，所有的幼儿园教师必须是本科毕业，而且接受教师培训(大学)的入学竞争非常激烈。在整个职业生涯中，鼓励教师提高其专业水平。在多数级别的教育中，要求教师每年参与在职培训，作为薪酬协议的一部分。此外，开展在职培训的范围是对贯彻教育政策和改革至关重要的领域。2010 年，芬兰教育部实施了一项针对教师继续教育的专项国家项目(Osaava 项目)(芬兰教育与文化部，2013)。

专栏 4.4

芬兰的教师培训

教师认证分为两类：小学教师(1～6 年级)和中学教师(7～9 年级和中等教育学校)。芬兰于 1970 年采用这种分类，其时正值芬兰学校体系改革。获得任课教师认证的老师可能也会在职业教育和成人教育机构中教学。

小学教师和中学教师(以及幼儿教师)的培训均由大学的师范系提供。共有7所以芬兰语为授课语言的大学和1所以瑞典语为授课语言的大学提供教师培训。

小学教师和中学教师(通常为5年)需要获得欧洲学分互认体系下的300学分才可以获得学位证书;相比之下,幼儿园教师(3年)需要180个学分。其中,对于小学教师和中学教师,包括教育学研究60学分和实践培训20学分;对于幼儿园教师,包括实践培训25学分。教育学研究中理论与实际相结合。实践培训由大学及其所谓的附属学校共同组织。

中学教师通常会在其他院系学习特定的科目课程,如历史系,然后申请参与成为课程老师的培训。在实践中,这往往意味着完成特定科目的学位课程,然后进入师范系。

如同芬兰其他的大学学习一样,教师培训也是完全免学费的。

欲了解更多有关信息,请浏览芬兰国家教育委员会网站。(http://www.oph.fi/nglish/education/teachers/teachers_in_general_education)

新需求要求新调整

20世纪90年代,芬兰经历了一场重大的经济结构变革,从工业经济过渡到知识经济和创新驱动型经济(详见第三章)。芬兰人口受教育水平普遍较高,教育体系对新型工程师日益增长的市场需求迅速作出了调整和应对,这都是促进芬兰经济转型成功的关键因素(Dahlman,2007)。目前芬兰正在面临着新的挑战,需要教育体系作出新的调整。根据政府的发展规划(芬兰教育与文化部,2012),主要目标之一是提高芬兰在知识和能力方面的竞争力。而且芬兰在全球竞争中的成功、社会整体福利的改善和社会发展的兼容普惠均要求全体人口和劳动力有坚实的知识基础。

首先，人口结构的新变化和不断恶化的人口抚养比要求进一步拓展职业，加强劳动力市场中人员技能和企业及公共机构所需技能之间的对接。

其次，芬兰电力、电子和信息服务领域发生的结构转型对芬兰当前以及将来的劳动力市场需求将产生重大影响(Yla-Anttila，2012)。技术是芬兰最重要的产业部门，直接雇用人数达290 000人，间接创造700 000个就业岗位，约占芬兰劳动力的1/4(芬兰科技产业协会，2013)。由于移动通信产业日渐减少的生产和就业岗位，很多信息通信技术部门(如诺基亚产业群)的高技能工种正在逐渐消失。此外，机械与电子工程领域中，与信息通信技术相关的新工作越来越多，其产品日益成为软件、智能和服务的集成(Yla-Anttila，2012)。

上述种种挑战既要求通过教育体系层面的改革进行调整，同时也要求个人通过继续教育、重新学习技能和能力发展调整其"教育档案"。

在教育体系层面上，芬兰教育政策力图支持创造新的就业岗位，使得个人和企业能够适应全球化带来的变化。应对全球化挑战的方式之一是调整大学和理工专科院校的入学人数。根据芬兰教育与文化部的报告(2012)，2016年将会削减如下学科领域的大学招生目标人数：文化、自然科学、自然资源和环境、旅游、餐饮和家政服务。据估计，目前大学文化方面的招生数量比实际需求数量多3 000个名额。此外，初等职业教育和理工专科教育中的旅游、酒店管理和餐饮方面的初级职业培训也会削减招收人数，原因在于目前旅游、餐饮和家政服务的招收人数比实际需求人数多1 300人。相反，社会服务、医疗保健、体育运动以及人文和教育方面的录用人数将会提升。专业自动技术、物流培训、健康和社会服务教育等领域需要更多的人才。一般而言，中等教育和高等教育增加的招生人数会超过年龄组规模的增长量。目标是到2015年25～34岁获得义务教育认证及以上的人员比例达到92.5%，到2020年该比例将提升至95%。

在个人层面，芬兰教育体系的重点在于提供没有止境的学习通道。成人教育涉及各个教育级别，而且其规划尽可能灵活，使成人可以在工作的同时进行学习。成人教育包括可以获得学位或证书的教育培训、自由教育以及员工培训。在职业教育中，以培养能力为基础的资格培训是专为成人设计的。在高等教育中，理工专科院校提供独立的成人教育项目。此外，一些大学设有独立的继续教育中心。

目前，哈奈约基(Hanhijoki，2012)等对2016年的大学入学目标数量进行了估算，其估计数比芬兰教育与文化部设立的目标数低。将来日益全球化的劳动力市场会要求更密切的国际合作发展相关的预估模式，以更准确地估算教育和技能需求。举例说明：从20世纪90年代初期到2010年，对技术背景人员的需求下降；而相对地，诺基亚招聘人员中对商务相关教育背景的人员需求份额上升。

在教育方面，应该缩短获得教育资格证书的时间，进一步提高不同教育级别之间过渡时间的灵活性，减少教育内容的交叉重叠，加强对预先学习的重视(Hanhijoki，2012)。此外，关于在芬兰学习的留学生的讨论越来越多，主要是围绕保留国际留学生的需求问题。针对上述需求已开展数项计划和项目。目前芬兰的国家移民战略高度重视以上问题(芬兰内政部，2013)。而且，欧盟和北欧国家也已经实施了数个交流项目解决相应问题。协调上述活动和促进国际化进程的关键角色是国际交流合作中心(Center for International Mobility)，它隶属于芬兰教育与文化部。芬兰教育体系的国家安排和决策深受国际政策和目标的影响，而这些国际政策和目标由欧盟(如哥本哈根进程和博洛尼亚进程)、经合组织、联合国和北欧在合作中共同制定。

除此之外，商务交易将会越来越多地在全球网络中开展，涉及范围广泛，参与者众多。许多部门逐渐构成网络，进而形成联系紧密的产业集群。预估网络经济的未来需求至关重要。例如，由欧洲社会基金(European Social Fund)组织、芬兰国家教育委员会和芬兰产业协会共同出资赞助的名为“网络学习的能力需求”项目，旨在了解芬兰未来的能力需求。网络学习的成功取决于不同能力区域之间的协同合作(芬兰产业协会，2013)。

未来将需要加强各个级别的创业教育。目前，诺基亚已经成为初创企业和中小型企业高技能劳动力的重要来源(Pajarinen and Rouvinen，2013)。经济增长越来越依赖于创业企业、新型企业和中小型企业(Yla-Anttila，2012)。

中小型企业在芬兰的成功中发挥着重要作用。规模少于 250 名员工的企业占芬兰所有公司总数的 99.8%，而且中小型企业的营业额占芬兰所有公司营业额的 50%（芬兰统计局，https://www.tilastokeskus.fi/index_en.html）。芬兰教育部按照教育类别已经确立了发展的优先等级，其中使创业成为更有吸引力的事业选择。此外，在教师初等培训方面，已经采取相关措施发展创业培训和教育。目前所有的职业教育资格认证包括创业、商业学习和在职学习。30%以上的创业者持有职业教育资格证书，许多持有大学学历证书或理工院校学历证书。在高等教育中，作为选修课面向所有学生的创业教育课程会越来越多。

—专栏 4.5

阿尔托大学：根据需求调整结构

阿尔托大学于 2010 年开始运营，由 3 所大学（赫尔辛基经济学院、赫尔辛基技术大学和赫尔辛基艺术与设计大学）合并而成，是一所多学科的基金型大学，涉及技术、经济、艺术和设计领域。

建立阿尔托大学的目的在于改善芬兰的创新体系，具体途径是集合科技研究、商业和经济以及艺术和设计等领域。该大学的使命是通过高质量的研究和教学支持推动芬兰的成功、改善芬兰社会和培养竞争力。

阿尔托大学的资金来源（共 7 亿欧元）为政府资金（5 亿欧元）、芬兰产业和其他资助方（2 亿欧元）。芬兰新的《大学法案》（2010 年）提高了阿尔托大学的自治程度，并改善了该大学运营和基础研究的前提条件。

目前，阿尔托大学共有 6 个学院：艺术设计和建筑学院、商学院、化工学院、电子工程学院、工程学院和自然科学学院。课程改革高度重视未来的技能需求、出国学习和工作的机会和以学习为导向的教学方法。未来将会更多地利用数字资源，使开放教学材料和课程成为可能。2012 年，阿尔托大学共有 19 993 名本科生和博士生、5 330 名工作人员和 366 位教授。有关更多信息，请参阅阿尔托大学网站（www.aalto.fi）。

本案例的观察结论：

• 在根据新需求进行调整的过程中，促进多学科协作和跨学科创新至关重要。有时也需要从结构层面进行相应的调整。

可以通过多种方式提供创业培训，比如理工院校关于中小型企业商务的硕士项目或高等院校和企业之间的合作等。例如，阿尔托大学已经设立了新“工厂”，学生、研究员和公司及其他机构组织共同合作（专栏 4.5）。教育机构参与工厂运营，研究产生的新知识就可以转移到教学当中。此外，企业家阿尔托中心（ACE）寻求发展企业家文化（专栏 4.6）。而且德莫拉中心（Demola，第三章专栏 3.3）是创业活动和教育相结合的很好例证。

专栏 4.6

阿尔托工厂和企业家阿尔托中心：根据新需求调整高等教育

为了解芬兰社会所面临的重大挑战的范围，阿尔托大学为阿尔托大学的学生和研究员、商业界和公共机构搭建了一个多学科合作的平台。该平台包括 4 个“工厂”：设计、媒体、服务和健康。上述工厂是跨学科的重要平台，将大学不同学院的专业知识和企业以及其他领域的专业知识技能相结合。探索新的教授和学习方法是核心目标之一。将工厂项目的研究数据应用于日常教学中。

阿尔托工厂已经引起了国内外的普遍关注和兴趣。设计工厂已经开始在中国同济大学和澳大利亚斯威本科技大学落户。2012 年，它与位于圣地亚哥的智利天主教大学和位于日内瓦的欧洲粒子物理实验室签署了国际合作协议。

企业家阿尔托中心（ACE）协调阿尔托大学所有与技术转让、知识产权管理、初创公司、创业教学和研究相关的活动。其目的是在阿尔托社区内成就商业成功。为弘扬创业家精神和推动创立新企业，已经开展了一系列的主动式工作，而企业家阿尔托中心是其中的一个实例。2012 年，该中心共处理 215 项创新提议，递交 17 项专利申请，批准为阿尔托大学研究员和学生创立的 10

家新企业提供援助，并向4家公司转让14项创新成果。

有关更多信息，请参阅阿尔托工厂网站：阿尔托设计工厂（www.aaltodesignfactory.fi），阿尔托健康工厂（http://elec.aalto.fi/fi/research/health_factory/），阿尔托媒体工厂（http//mediafactory.aalto.fi）和阿尔托服务工厂（www.servicefactory.aalto.fi），以及企业家阿尔托中心（ACE）网站（www.ace.aalto.fi）。

本案例的观察结论：

- 阿尔托工厂和企业家阿尔托中心（ACE）是推进教育和商业合作的重要项目，非常有前景。同时也可以很容易地调整上述合作网络和协调模式以适用于其他具体情况。

小结和关键信息

教育投资是知识经济的基础。为建立教育体系的基础，芬兰自独立以来便开始有系统地投资教育领域，而且投资力度很大。除此“大局”之外，芬兰教育成功的因素还包括立法和国家政策、教师培训资金拨款和创建综合教育体系，包括以下内容：

- 称职的教师。教师在芬兰是非常具有吸引力的职业。仅有10%的申请人可以被录用，进而接受教师培训。芬兰教师受教育程度很高，而且备受尊重。
- 教育公平。芬兰为所有公民提供平等的受教育机会，不分其年龄、住所、经济状况、性别或母语。免费提供各个级别的教育，从学前教育至高等教育。芬兰女性受教育水平普遍较高。芬兰不设男校和女校。
- 综合基础教育。基础教育包括教学材料、学校供餐、医疗保健和牙齿护理等，所有这些均为免费提供。
- 扩展性的学校网络。芬兰各地教育质量均等，教育质量与学校所处的位置无关。芬兰地方当局有法定义务为居住在本市的儿童提供基础教育。大多数学生可以就近入学。

- 聚焦终身学习。这就意味着芬兰人在完成义务教育之后可以继续接受更高水平的教育。教育没有终点。
- 教育成效显著。芬兰人受教育水平普遍较高,而且接受良好教育的人群就业率非常高。2010 年,15 至 64 岁的人口就业率达到 69%;而获得高等教育学历的人口就业率甚至达到近 84%。具备专科及以上学历水平人口的就业率创历史新高。例如,2010 年芬兰博士的就业率达到 90%以上。
- 从控制到自治。各级教育机构高度自治。审查学校的制度曾对芬兰学校的发展具有重要意义,但是在 20 世纪 90 年代予以终止。目前教育质量的保证基于法律规定的目标、国家核心课程和资格要求。芬兰没有学校排名。芬兰的教育工作者有法定义务评估其自身的活动,并参与外部评估。

芬兰将来需要采取措施应对人口老龄化的需求、提高教育体系效率、加快转型步伐以及缩短研究学习时间。日益全球化的劳动力市场要求更密切的国际合作,共同探索相关模式以预测未来的教育和技能需求。此外,需要在各层级推行更好的创业教育。专栏 4.7 概括了第四章中的关键信息。

专栏 4.7

关键信息

- 强大的教育基础是知识经济的重要支柱。
- 芬兰教育政策强调综合性和平等性(不分年龄、住所、经济状况、性别或母语)。知识经济需要储备大量受过良好教育的专业人才。
- 不应期望一蹴而就:改善教育基础需要长期有系统的投资。
- 称职的教师是教育体系成功的起点。
- 强大的法律基础和有效的引导(不削弱学校的自治程度)对保证教育的高质量具有十分重要的意义。

- 经济和社会的教育需求变化相对较快:应该建立灵活的教育体系,能够快速调整。应该提供终身学习的机会,支持和促进各个教育水平的终身学习。
- 在教育各领域推进创业培训和鼓励校企协作的重要性日益凸显。

参考文献

Confederation of Finnish Industries. 2013. "Welcome to the Confederation of Finnish Industries." Helsinki. http://www.ek.fi.

Dahlman, C. 2007. "Conclusions and Lessons from Finland's Knowledge Economy for Other Economies." In *Finland as a Knowledge Economy: Elements of Success and Lessons Learned*, edited by C. J. Dahlman, J. Routti, and P. Ylä-Anttila, 99-110. Washington, DC: World Bank.

Economist Intelligence Unit. 2012. *Learning Curve Report*, 2012. Pearson. http://thelearningcurve.pearson.com/.

Federation of Finnish Technology Industries. 2013. "The Federation of Finnish Technology Industries." Helsinki. http://www.teknologiateollisuus.fi/en/. Hanhijoki, I., J. Katajisto, M. Kimari, and H. Savioja. 2012. *Education, Training, and Demand for Labour in Finland*. Publication 2012:16. Helsinki: Finnish National Board of Education.

Hautamäki, J., S. Kupiainen, J. Marjanen, M.-P. Vainikainen, and R. Hotulainen. 2013. *Learning to Learn at the End of Basic Education: Results in 2012 and Changes from 2001*. Research Report 347, Faculty of Behavioral Sciences, Department of Teacher Education, University of Helsinki, Helsinki.

Kupari, P., J. Välijärvi, L. Andersson, I. Arffman, K. Nissinen, E. Puhakka, and J. Vettenranta. 2013. "PISA12 ensituloksia: Opetus-ja kulttuuriministeriön julkaisuja 2013：20.” http：//www.minedu.fi.

Kyrö，M. 2012. *International Comparisons of Some Features of Finnish Education and Training System*，2011. National Board of Education，Helsinki.

Ministry of Education and Culture. 2012. *Education and Research*，2011—2016：*A Development Plan*. *Report* 2012：3，Ministry of Education and Culture，Helsinki.

——2013. “Ministry of Education and Culture.” Helsinki. http：//www.minedu.fi.

Ministry of the Interior. 2013. *Valtioneuvoston periaatepäätös maahanmuuton tulevaisuus 2020strategiasta*. Helsinki. http：//www. intermin. fi/download/44618_Maahanmuuton _tulevaisuus_2020_.pdf? f9ad5860b446d088.

National Board of Education. 2013. “About FNBE.” Finnish National Board of Education，Helsinki. http：//www.oph.fi/english.

Pajarinen，M.，and P. Rouvinen. 2013. *Nokia's Labor Inflows and Outflows in Finland*：*Observations from 1989 to 2010*. ETLA Report 10，Research Institute of the Finnish Economy，Helsinki.

Sahlberg，P. 2010. *The Secret to Finland's Success*：*Educating Teachers*. Center for Opportunity Policy in Education，Stanford University，Palo Alto，CA. http：//edpolicy.stanford.edu/sites/default/files/publications/secret-finland%E2%80%99s-success-educating-teachers.pdf.

Sinko，M.，and E. Lehtinen. 1999. “Bitit ja pedagogiikka：Atena Kustannus.” Sitra，Helsinki. Ylä-Anttila，P. 2012. “Sähkö-，elektroniikka-ja tietotekniikka-ala：Tuotantoketjut hajautuvat，osaamistarpeet muuttuvat.” ETLA Discussion Paper 1273，Research Institute of the Finnish Economy，Helsinki.

第五章　管理知识经济生态系统

基莫·哈尔默　基莫·维尔亚玛　玛丽亚·梅里萨洛

芬兰国土面积小，资源相对匮乏，各行各部以及公私领域储存稀缺资源是内在要求。这就要求所有的行业达成高度共识并相互协作，从战略层面的议程设定到实践管理。芬兰发展知识经济的关键特色之一是其在教育、研究和创新政策议程方面的系统性、协调性和兼容性方法。

本章着重介绍共享愿景和协作政策的重要性，其中政策规划需要利益相关者的广泛参与。此外，发展中国家在建立合作关系和具体贯彻实践中会遇到一系列挑战，本章也谈及发展中国家在应对挑战时可能会遇到的潜在隐患和芬兰经济发展模式带给发展中国家的启示。

背后的原因：变化的生态系统

新主题，新挑战，新思考

近 10 年来，欧洲在大规模地开展研究和创新政策的重新评估，其影响波及了芬兰。最初的驱动力是相关人员意识到巩固技术基础固然至关重要，但是仅仅依靠巩固技术基础已不足以提供良好的市场环境来促进创新企业的繁荣发展（Blind and Georghiou，2010）。新政策的起点是欧洲委员会下令编写的阿霍工作组报告（2006）。芬兰前总理埃斯科·阿霍（Esko Aho）受邀执行该任务并担任该工作组的主席，原因在于 20 世纪 90 年代芬兰面临严重的经济萧条，但是在阿霍政府的领导下其技术竞争力和研发投资有所改善。

阿霍工作组报告《建设创新欧洲》聚焦于欧洲采用亲善市场方法发展创新的需求。该报告提出采取强有力的创新政策措施的需求，并指出亟需关注相关创新政策，尤其是需求方而不仅仅是供应方，这也是首次在欧盟提出该议题。其中的重要措施包括开展跨行业合作和创建创新友好型的领先市场，正如“领先市场计划”所体现的那样（详见如 Dachs et al.，2011）。

欧盟创新政策的另一转折点发生在 2006 年（详见如欧盟，2006）芬兰担任欧盟主席国期间，基础广泛的创新政策开始出现（COM，2006）。基础广泛的创新政策平衡创新活动的供应方和需求方，涵盖非技术创新，而且除了直接的经济影响之外强调更广泛的社会影响。这种创新政策不仅包含传统的基础流程和实体产品，也囊括机构组织的流程和服务。因此，该政策旨在延伸创新概念。此处的“创新”包括非高科技、非自然科学和非技术领域的创新。创新并不局限于公司开展的创新活动。创新源自互动协作的过程，在互动协作的过程中，创新产品或服务的用户应提供大量的信息（Edquist，Luukkonen and Sotarauta，2009；Blind and Georghiou，2010）。

基础广泛的创新政策强调客户的需求。通过加强用户和开发者的互动合作来开发创新产品。更多地从商业视角看待创新（Edquist，Luukkonen and Sotarauta，2009）。换句话说，开发过程锁定客户和市场需求，而创新政策则提议也许终端客户最清楚如何开发新的创新产品和服务。芬兰高度重视基础广泛的创新活动，原因在于其意识到国家的未来不能仅仅依赖于少数的领先产业。

新思考，新政策

目前经济发展全球化日益加深，竞争日趋激烈，创新政策的焦点应该越来越以需求为基础，而非以行业为基础或以技术为导向（Sabel and Saxenian，2008，120）。未来的竞争力基于彻底的创新，因而仅仅依靠大力投资研发的创新战略已经不再能满足需求。

决策者越来越深入地意识到创新系统中的这些“瓶颈”问题，并已经开展数项结构改革,包括大学和其他高等教育机构的改革、政府(部门)研究机构改革、改善国家基础设施政策、贯彻修正后的研究员事业体系以及修正后的国家创新战略等。对企业的政府财政资金支持已经在不断下降,但对创新的支持力度是个例外。公共机构日益增加的财政压力推动着上述结构改革的进程。

大体而言,芬兰国家发展日程的设定和治理结构已经从相对狭隘的技术导向型模式向基础更广泛的模式转变,日益重视非技术的、需求和用户驱动的创新和教育政策(芬兰科技政策委员会,2008)。换言之,知识经济生态系统正在实现转型,从以技术和知识为基础转向以学习和持续开展知识型变革的能力为基础。芬兰议会中的未来委员会探讨基于学习的芬兰变革和能力驱动型经济的相关事宜。该模式基于这样的认知:未来的竞争力取决于从他处吸收知识的能力和持续更新知识型技能的能力。

目标是使创新系统更高效,并消除瓶颈问题。该模式要求内容、结构和资金的基础更广泛。此外,在日益重视采用新工具和制定新议程、探寻前途光明的新商业领域的同时,也要求更多的专业化和专门化(专栏 5.1)。以下部分阐述芬兰治理和引导实践中是如何采用这种新模式的。第六章会探讨具体实践的影响和启示。

专栏 5.1

2011—2015 年研究和创新政策指南:精简芬兰创新体系

芬兰研究和创新委员会最新的审核报告总结了当前芬兰继续发展知识经济的政策日程(芬兰研究和创新委员会,2010)。其报告指出,芬兰的国家战略是确保可持续的平衡的社会经济发展,而支持该战略的关键因素是:①高教育水平(由高效高质量的教育体系提供);②高强度发展和利用知识(为促进社会和经济的发展,不仅明确重视知识本身,还要强调应用知识的能力);③积累专业知识技能和无形资产;④多边合作,重视国际合作关系。但是,该议程并不排除近年来教育、研究和创新政策方面出现的相对重大的变革。教育、研究和创新政策领域的变革包括大学和其他高等教育机构的改革、国家创新战略的采纳、政府研究部门的改革和国家基础设施政策的采用等。

其指南也承认芬兰已经成为世界领先的知识经济体之一，但也指出“创新系统的整体功能”可以进一步精简和改善(芬兰研究和创新委员会，2010)。芬兰现行的国家创新系统过于复杂和碎片化。与此同时，芬兰的经济发展情况要求芬兰政府不得不采用财政紧缩政策，包括削减公共支出。而造成的结果就是，最近经济发展和研发财政资金被削减，尽管削减幅度并不大。然而，芬兰的国家政策并没有采取普遍性的削减开支，而是进一步将财政资金集中在最重要的问题上，如为研究和创新创造基础条件以及为应对气候变化、能源安全、食物安全和人口老龄化等重大社会条件创造有利条件。

作为“精简”流程的一部分，在如下方面专业化和专门化的需求显而易见：①竞争力强的商业领域；②前景广阔的研究和商业领域；③颇具吸引力的(区域)“卓越极”。芬兰研发方面公共支出的精简清晰可见；近年来，与其他公共支出相比，略有减少。

欲了解更多信息，请查阅芬兰科技政策委员会(2010)。

共同愿景及其支持战略

芬兰发展模式强调共同愿景、协作准备和利益相关方广泛参与的重要性。本章描述芬兰战略的演变和当前面临的问题。

关键概念和原则

芬兰发展知识经济的现行治理模式可以追溯到20世纪90年代早期，其时现行创新驱动型政策和知识型发展模式的基础业已奠定，而创新系统思想也成为国家发展议程。政策议程的基础概念一直是国家创新系统。芬兰科技政策委员会于1990年在其审核报告中第一次提出国家创新系统，自那之后国家创新系统就一直是创新政策的支柱。该模式被迅速采纳，用于引导科技政策向更综合、更全面(或更系统)的方向发展，强调知识产生、传播和应用之间相互依存的日益复杂的联系。芬兰越来越重视知识型生产和经济的知识密集度,这成为芬兰创新系统的重要补充。这种重视清晰地体现在芬兰公共和私营部门的长期发展目标上,不断增加研发开支。

系统性的发展模式是芬兰政策日程的显著特点之一,反映出芬兰研究和创新委员会(详见专栏 5.4)协调教育、研究和创新政策多项活动的相关工作。尽管芬兰政府对创新系统作出部分调整和更新使其"更有活力",但该模式依然是芬兰政策日程的基础。芬兰系统性的发展方式也在 20 世纪 90 年代研究机构和私营部门快速增加的合作中得以体现。芬兰国家技术创新局的财政资金促进了其合作的进程。芬兰国家技术创新局的技术项目也许已经成为居于主导地位的政府工具。

另一重要方法是将资源集中于选定的商业或研究领域。这种做法开始于 20 世纪 90 年代,引入集群政策以及相关工具,如集群项目、专业技术中心计划和最近的芬兰科技创新战略中心(SHOKs;关于其贯彻情况详见第六章)。引入支持高等教育和研究优秀成果的相关机制,将资源集中于最有前景的领域或者业绩最好的领域。芬兰已经将国际化发展和全球合作网络纳入国家发展日程(Lemola,2012),尤其是 20 世纪 80 年代芬兰国家经济实行对外开放以来。

20 世纪 90 年代,芬兰的发展模式加入了信息社会的概念。信息社会的提出有力地促进了其后知识经济的发展,解决了许多与知识型增长相关的关键问题,如信息基础设施、法律法规和学习环境等。基础设施的作用尤其重要(如宽带网络的发展)。受研究和国际政策讨论的启发,芬兰政策议程相对快速地采纳了信息社会的概念,体现出芬兰各界达成广泛共识,即走在信息社会发展的前端对芬兰而言非常重要。首先,1995 年引入信息社会战略,并且编写具体报告和备忘录。1998 年和 2007 年,数个政策文件相继出台。此外,上台的历届政府也连续开展了数个信息社会项目。

20 世纪 90 年代,创新政策和信息社会政策都对芬兰经济的发展作出了重要贡献。当时创新政策和信息社会政策彼此密切相关,而且均以技术为驱动力,这在一定程度上引起了争议(Oksanen, 2006)。21 世纪初,两类政策开始有所差别。信息社会政策演变为更加注重社会，更强调公民的需求和公民的参与，比如创新过程中数字化服务的发展。相比而言，创新政策则演变为注重更广泛的基础，同时也重视知识型发展的非技术方面。与创新政策相比，信息社会政策的贯彻落实工作更显碎片化。关于创新政策，政府不同机构之间一直有相对清晰的分工，这是由于芬兰科技政策委员会以及芬兰研究和创新委员会提供高水平的议程设定支持。而信息社会政策和科技政策依然是在政策层面上相互联系；例如，芬兰科技政策委员会在其多数的审核报告中已探讨信息社会的相关问题。

也许信息社会政策最显著的贡献在于20世纪90年代促进芬兰社会各界对知识型发展的共同认识及携手努力。20世纪90年代数个战略和项目相继推出，清晰表明其共同发展的观点。芬兰制定上述战略的目的在于促进芬兰向信息社会的转型，这已被视为一个国家项目(芬兰科技政策委员会，1996)。

国家创新新战略

近10年来，芬兰的国家战略进一步演变。现在与全球其他国家相比，芬兰已经名列前茅，并已实现许多目标，比如经济的研发强度等。如今芬兰所处的位置完全不同以往，所以其政策也不能再继续以追赶领先经济体为基础。

因此，芬兰国内开展相关讨论，探究未来应该努力的方向以及应该采取的举措。芬兰的新地位、最近的经济危机、产业结构重组(包括信息通信技术领域)和福利国家的财政资金日益紧张等问题为芬兰的国家创新战略带来了新的挑战。

在这种背景下，芬兰政府(2007—2010)宣布将制定面向未来的国家创新新战略。2008年芬兰政府公布新战略，新战略的目标是实现经济增长、提高人民生活水平以及改善环境。基于上述原则，新战略确定了两大主要目标：

(1) 生产力的创新型发展；

(2) 开拓创新活动。

上述目标见证了许多芬兰公司凭借其竞争力所取得的成功及其在国际市场的发展，其竞争力的提高是由于专业技能和生产力的改善。此外，新战略还指出公共部门需要通过发展创新改革其服务体系和运营方式。

—专栏 5.2

芬兰国家创新战略进程

在 2007 年末之前,芬兰就业与经济部被称为芬兰贸易与工业部,负责组织制定国家创新战略。国家创新战略的制定秉持高度开放和协作的原则,众多专家、利益相关方和公民广泛参与制定过程。2007 年秋,11 个创新政策工作坊相继开展,聚焦于政策面临的关键挑战,近 800 名专家提供了咨询意见(芬兰就业与经济部,2008a; Edquist, Luukkonen and Sotarauta,2009)。

芬兰成立了引导工作组以指导战略的制定,由芬兰国家研发基金前主席埃斯科·阿霍(Esko Aho)担任工作组负责人。阿霍当时是创新政策的发言人,曾成功领导隶属于欧洲委员会的阿霍工作组。2008 年 6 月,引导工作组向芬兰就业与经济部提交国家创新政策提案(详见芬兰就业与经济部,2008a)。之后芬兰政府便向议会提交了"创新政策审核报告",该报告很大程度上基于但又不仅仅是基于引导工作组的提议。该政府审核报告是一个战略文件,提出政策应该关注的问题以及推荐开展的变革,强调基础广泛的创新政策。其实在该政策成文之前,政府项目已经将创新政策基础的广泛性作为首要原则之一了(Edquist, Luukkonen and Sotarauta,2009)。

新战略从四个方面对创新活动和需要采取的举措进行审查:①全球化无国界;②需求和面向用户;③创新个人和社区;④系统性方式(见图 5.1)。在上述每个选项中锁定了两个聚焦点,每个聚焦点分别包括一到四项举措(芬兰就业与经济部,2008a)。

本案例的观察结论:

- 每当政策和战略需要作出重大改变时,尽可能广泛地和尽可能早地邀请所有专家和所有利益相关方参与调整过程至关重要。这将有利于确保所有的相关知识在实践中得到应用,以及社会各界能够适当认同战略决策。

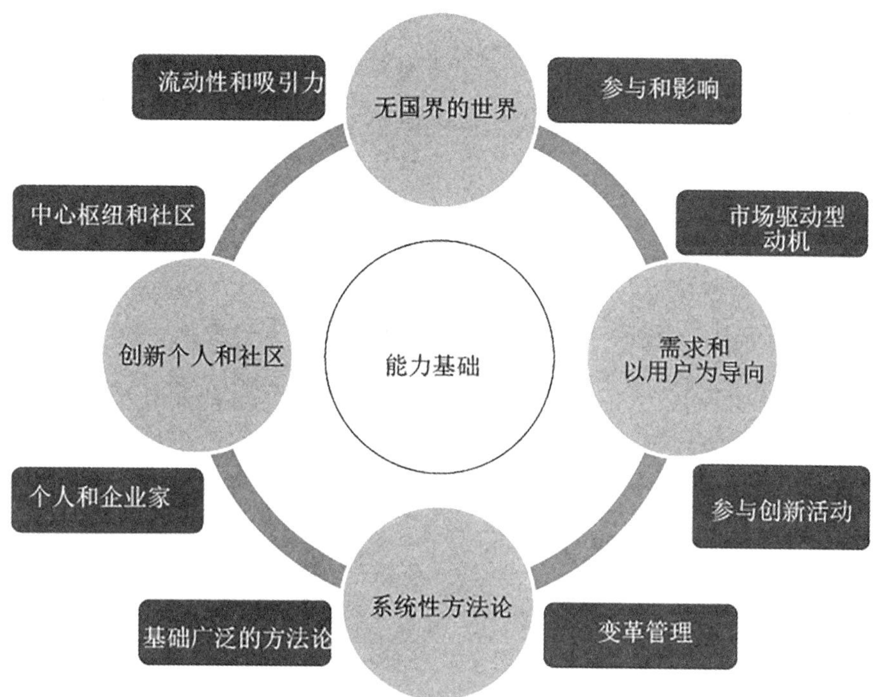

图 5.1　芬兰国家创新战略的基本选择和聚焦点

资料来源：基于芬兰就业与经济部(MEE)。

新战略也重点关注挑战驱动型创新政策：国家必须打破行政区域的界限，采用全面而一致的创新政策应对社会挑战，密切关注创新活动的技术领域和非技术领域。此外，芬兰必须在全球范围内创造高附加值，并吸引技能卓越的各方专家和投资(芬兰就业与经济部，2008a；专栏 5.3)。

专栏 5.3

需求和用户驱动型政策的联合行动计划及政策框架

在贯彻落实芬兰国家创新战略的工作中，芬兰就业与经济部概述 2010—2013 年的行动计划和政策框架，指出需求和用户驱动型创新政策的关键因素。芬兰中央各部委和众多利益相关者联合执行该行动计划，如芬兰国家技术创新局、芬兰技术研究中心、国家消费者研究中心和赫尔辛基论坛(Forum

Virium Helsinki)等。

该行动计划由众多利益相关者共同制定，共包含七大主题，每个主题下均有相应的具体措施。这些主题以 2009 年芬兰就业与经济部对需求和用户驱动型创新政策的分析为基础。对政策框架的分析构成该行动计划的第一部分。第二部分聚焦于将政策付诸实践。七大主题具体如下：

(1) 通过加强知识基础，增强需求和用户驱动型创新意识提高竞争力。

(2) 通过鼓励需求发展创新。

(3) 变革公共部门，它是开创性举措的来源和目标。

(4) 促进基层创新提议的激励机制。

(5) 用户驱动型方法的应用日益增加带来的更大影响。

(6) 促进创新传播的网络。

(7) 评估行动计划的影响。

欲了解更多信息，请浏览芬兰就业与经济部网站关于需求和用户驱动型创新的内容(http://www.tem.fi/index.phtml? l=en&s=2382)。

本案例的观察结论：

- 推广政策工具的新方法和新做法需要倾注持久的付出和努力，才能避免新计划的碎片化。
- 除了明确各参与方的分工之外，设定清晰的目标和集中资源用于贯彻落实工作也非常重要。

建立共识和利益相关方广泛参与

在知识经济生态系统中，建立共识和发动利益相关方作为参与者运营和落实行动计划至关重要。在科学、技术和创新领域，政策共识的达成和利益相关方的参与往往归功于芬兰研究和创新委员会的规划和协调职能及其跨部委的联络网(专栏 5.4)。

—专栏 5.4

芬兰研究和创新委员会:议程制定的战略发展和协调

芬兰研究和创新委员会由芬兰总理担任主席,就研究、开发和创新(RDI)的重要问题向芬兰国务院及其直属部委提供建议。该委员会负责芬兰科技政策和整个国家创新体系的战略发展和协调工作,其关键任务包括关注国内外研发和创新(RDI)的发展,处理有关科技和创新政策发展的重要问题,处理有关公共研究资金和创新资金的发展和分配问题,以及协调政府在科学、技术和创新方面的各种活动。

该委员会的主要任务之一是每 3 年公布一份科技政策审核报告,相当于国家创新系统的国家战略和发展愿景。其审核报告分析过去的发展情况,并提出未来的发展建议,而且其中的大部分建议都会被相关的部委所采纳。在实践中,该委员会不仅通过其官方声明对政策施加影响,还通过相互分享观点、讨论想法的委员会成员影响政策。

芬兰研究和创新委员会由 3 个独立的机构组成:委员会、分委员会和秘书处。其中委员会的主席由总理担任,其成员包括教育与科学部长、经济部长、财政部长以及其他由政府委任的最多 6 位部长。此外,委员会的成员还包括精通科学和技术的 10 位专家。委员会下设 1 个科学政策分委员会和 1 个技术政策分委员会,具体负责准备工作,分别由教育与科学部长和经济部长担任主席。该委员会的秘书处由 1 名全职秘书长和 2 名全职首席规划官构成。

芬兰研究和创新委员会的前身芬兰科技政策委员会创建于 1987 年。2009 年更名为现在的名字,以反映在知识和技术型社会经济发展中创新政策横向合作(基础广泛)的日益重要性。欲了解更多信息,请浏览芬兰研究和创新委员会网站(http:// www.minedu.fi/OPM/Tiede/tutkimus-Ja_innovaationeuvosto/? lang=en)。

本案例的观察结论:

- 科学、技术和创新的协调或者是知识经济整体的协调是横向合作的问题,与政府多数部门都有关系。为确保知识经济相关政策的适当评估、规划和协调,委任处理跨部门问题的职能非常重要,在芬兰是由芬兰研究和创新委员会承担该职能。

- 芬兰研究和创新委员会成功的关键因素与以下方面相关:高水平的授权(总理);与国家财政规划部门的协作;所有利益相关者代表的广泛性,政治家、政府、私营部门和专家等;以及和民间团体的沟通交流。

芬兰研究和创新委员会是芬兰政府高级别的咨询机构,负责芬兰教育、研究和创新政策的战略发展和协调工作。芬兰研究和创新委员会一直是共同规划政策的平台,但是现在政策的贯彻落实工作已经由不同的部门承担。然而,该委员会的报告和提议往往停留在总体通用的层面(政府整体),并没有系统地监测其贯彻落实工作。近年来,芬兰已经在调整芬兰研究和创新委员会的角色、指令和功能,以适应新情况的发展需求(也就是说,不仅负责科学和技术的发展,还要承担起更广泛的发展责任),这在其名称中就得到了体现。

芬兰研究和创新委员会提出教育、研究和创新政策的总体发展模式,而政府则制定更具体的发展日程。新一届政府执政之初要制定项目规划,设立未来 4 年的关键优先等级。尽管这些项目的基础往往是不同的目标,有时甚至是相互冲突的目标(Tiili,2004),但是在发展知识经济方面保持着相对稳定的状态。这种相对稳定的状态可能要归功于广泛的共识,即知识是竞争力的重要来源,也是芬兰等小国社会福利的重要来源。甚至有人认为知识型经济的发展一直是国家项目(Schienstock,2007)。芬兰政策的一致性在最新的政府项目(2011)规划中清晰可见,其中指出,“芬兰的成功和社会福利的改善取决于广泛的知识、专业技能和高水平的专业知识……对教育和研究的投资是长期发展政策的组成部分。芬兰政府将确保为教育、技术和研究提供充足的资金。”教育政策也可以体现出发展知识型经济是一项国家项目,20 世纪 90 年代教育政策越来越以技术为导向,当时也扩展了高等教育(Raivola 等,2001)。正由于此,芬兰人成为全球平均受教育水平最高的群体(经济合作与发展组织,2012)。

芬兰科技创新战略中心的成立是阐明如何根据设立的议程制定具体政策举措的实例(详见第六章)。

政府各部的横向合作

横向合作是芬兰知识经济管理体系的重要组成部分。芬兰跨部门跨领域的合作历史悠久,近年来其合作水平也在稳步上升,合作方式更加多样化。

广泛的横向合作和共识是芬兰知识经济的典型特征,也是其强有力的优势,其知识经济的发展历史已达数 10 年。紧密的社会网络是芬兰的典型特征,尤其是政府各部、各大公司、学术领导者、贸易协会和中介团体中关键参与者之间的联系非常密切。这种传统在科学、技术和创新政策以及知识经济整体发展中体现得尤为明显。特别是在经济危机时期(20 世纪 90 年代严峻的经济危机时期),横向合作非常频繁且密切(Dahlman, Routti and Yla-Anttila,2007)。

随着知识经济面临的挑战越来越趋向系统性发展,应对挑战也就要求各部门的横向合作。怎样最好地组织跨部门合作呢? 通常情况下,各部门会明确分工,承担其各自的责任,而不是真正地相互协调合作以找到共同的解决方案。尽管芬兰各界人士普遍认为跨部门合作会带来好的结果,但是这种类型的合作在芬兰依然相对较新,发展历史较短。面临的典型挑战包括缺乏理解、缺乏问责、缺乏资源、缺乏协调等,为政策制定带来新的挑战(例如,为电子体系设定发展议程)。专栏 5.5 介绍了芬兰研究和创新委员会行政计划(TINTO)的相关情况,简要描述在战略层面上各部门间横向合作的具体贯彻方式;而专栏 5.6 介绍了芬兰电子服务和电子民主行动计划(SADe)的相关情况,描述了各部门之间更实际的协作过程。

—专栏 5.5

芬兰研究和创新委员会行动计划(TINTO):各部门联合执行落实工作

2011 年芬兰研究和创新委员会(RIC)要求政府关键部委(即芬兰就业与经济部和芬兰教育与文化部)制定落实创新政策和科学政策的详细计划。这是首次要求政府各部门向芬兰研究和创新委员会(RIC)提供反馈,反馈的具体内容是政府各部门贯彻建议政策的方式和方法。由于政策落实计划是国家项目中期审核的重要参考,所以可以直接影响政府预算和政治决策。这就显著提高了风险和利益。

芬兰就业与经济部和芬兰教育与文化部决定相互合作,共同制定贯彻研究和创新政策的行动计划。该项目被命名为 TINTO,在芬兰语中,TINTO 是芬兰研究和创新委员会行动计划的首字母缩写。TINTO 项目由外部的咨询机构促进其合作进程。这是两大部门首次制定共同的行动计划,以贯彻落实相关政策。虽然芬兰就业与经济部和芬兰教育与文化部各自执行其工作,但是彼此会与各自的利益相关方和内部职员相互协调。双方的工作流程最终汇集在目标上。组织利益相关者广泛参与的大型研讨会,以同步协调各自的政策措施。其准备工作在很大程度上秉持协调和开放的原则,举行了多次工作坊和听证会。

在芬兰就业与经济部和芬兰教育与文化部以及各自的利益相关者共同制定政策计划和落实计划方面,芬兰研究和创新委员会行动计划(TINTO)的具体流程也许是最具体最新的实例。芬兰政府的其他部门也确实存在类似的发展,但通常是由中央政府牵头,而且在本质上政治性强(也就是说,由政府项目提出,由相关部门贯彻落实)。其中一项类似的项目是准备《关于未来的政府报告:以可持续增长创造幸福生活》(总理办公室,2013)。该项目由总理办公室统一协调(更多细节请参见专栏 5.8)。

本案例的观察结论:

- 有时跨部协作落实横向政策比设计和定义横向政策更艰难。然而,芬兰研究和创新委员会行动计划向人们展示了两大部委如何贯彻落实共同制定的政策。

• 规划相关部委和机构贯彻落实知识经济横向政策的具体方式至关重要。

—专栏 5.6

电子服务和电子民主行动计划(SADe)：项目级别的跨领域合作

电子服务和电子民主行动计划为公民、企业、官方机构和其他利益相关者提供全面综合的服务。该项目是政府重点项目，也是芬兰公共行政管理中首例全面的国家电子服务发展项目，旨在发展以顾客为核心的、交互性的服务，以提高公共部门的服务质量和成本效益。该行动计划非常注重以顾客为导向，目的在于满足客户在不同生命阶段不同情况下的具体需求，与行政部门和组织界限无关。

该行动计划由芬兰财政部统一协调，由数 10 个参与者共同贯彻落实，包括国家政府机构(包括芬兰的 6 个部)、市政府、联合市政府、企业和私营机构。行动计划开始于 2009 年，一直持续到 2015 年年底，由 8 项具体的项目构成，强调成本效益、跨部合作、以客户为核心、质量和创新性。

芬兰电子服务和电子民主行动计划和国家及市政管理举措相关联，如效率和生产力项目、市政生产力项目、客户战略项目、公共部门客户服务发展项目等。在贯彻落实具体服务时，该行动计划采用通用界面和服务以及最佳实践，并与其他发展项目相互协调。此项工作以共享运营模式为基础，具体而言，即在两种官方语言的平等性、开放的源代码、信息安全、可访问性、信息通信技术的环境影响以及与用户和市场的互动方面共享运营模式。

欲了解更多信息，请访问芬兰电子服务和电子民主行动计划的官方网站(http://www.vm.fi/vm/en/05_projects/03_sade /index.jsp)。

本案例的观察结论：

• 电子治理的发展不仅可以促进公共服务质量和效率的提高，还可以推动新型私营服务的发展。

• 芬兰电子服务和电子民主行动计划(SADe)为全面组织电子治理提供

了一个具体实例,该计划非常注重以客户为导向。

政策部门的内部管理

知识经济相关政策的相互交叉和相互依赖性日渐增强,不仅要求开展跨部的横向合作,也要求加强特定部门中各参与方内部治理的有效性和深度。2008年,芬兰成立专门工作组,负责三大部委的合并工作:曾经的芬兰贸易与工业部、就业部和内政部的部分部门合并成为现在的芬兰就业与经济部。与其前身相比,该"超级部委"拥有更好的资源用于协调创新政策(Edquist, Luukkonen and Sotarauta,2009)。

芬兰就业与经济部和芬兰教育与文化部共同承担为公共部门研究、发展和创新活动提供资金的责任。但是芬兰就业与经济部负责创新活动的资助,创新资金占芬兰就业与经济部总预算33亿欧元的1/4(8.23亿欧元);而芬兰教育与文化部负责教育、科学和研究的资助,并通过法规引导大学和其他高等教育继后的活动(芬兰就业与经济部,2013)。

芬兰就业与经济部负责多项任务和职责。例如,投资环境和能源技术以完成与气候变化相关的国际目标,并实现能源和气候相关领域的商业发展;促进与其他行政部门的合作以更好地匹配劳动力的供应和需求。此外,芬兰就业与经济部还负责协调商业发展服务,为创新型企业提供资金、技能发展支持类服务,以及就业和经济政策新方案的管理,劳动力市场的灵活性和员工的安全问题,以应对失业问题。

芬兰就业与经济部由20多家机构组成,雇用员工约10 700名。芬兰就业与经济部分支机构中的政府代理处、机构和组织是贯彻落实创新政策的关键参与者。按照其引导经济活动的级别可以将其划分为四大类(专栏5.7)。芬兰就业与经济部的目标是聚焦于切实的引导,促进各参与方间的合作,为相关的负责人员提供引导经济活动的指南,而不是为所有参与方制定不同的规范(芬兰就业与经济部,2008b)。表 5.1 会详细介绍各参与方及其分类。

专栏 5.7

芬兰就业与经济部的引导模式

协调和引导芬兰就业与经济部 20 余个组织机构的活动要求打破组织机构的界限加强合作,并执行有效的引导机制。为达到上述目标,新成立的芬兰就业与经济部专门开展了一个项目,以改善引导流程(详见图 5.2)。一家私营咨询企业签订了相关合同,负责推动该工作的进程。

该项目的目标是建立引导模式,以引导、探索和改善具体方法、工具和领导实践,并支持该模式的贯彻落实。备受关注的是其全面性(涵盖所有的关键问题和流程)、实践性(注重实践而非理论)和附加值,并确保该模式在战略上和操作上都能正常运转。芬兰就业与经济部的职责重点是制定战略、设定目标以及运用参数监督其贯彻落实情况。该部内的组织机构负责规划各自的战略、规划和管理具体运营并向芬兰就业与经济部汇报。

在实践中,该模式分为 7 个核心阶段:

(1) 定义芬兰经济与就业部的整体战略。

(2) 定义各政策领域的战略。

(3) 协调各办事处和机构的引导。

(4) 定义各办事处和机构的战略。

(5) 各办事处和芬兰就业与经济部商讨业绩协议,并设定发展目标。

(6) 管理各办事处和各机构的运营。

(7) 监督、报告和评估。

本案例的观察结论:

- 政府各部及其代理机构的有效治理对成功贯彻落实相关政策至关重要。芬兰就业与经济部的治理模式非常重视从战略层面整体协调和管理各代理组织和机构。

表 5.1 隶属芬兰就业与经济部的参与方，按照活动类型和范围

活动类型	活动范围	
	广泛性	专门化
发展和商业	1 组：经济发展、交通和环境中心(ELY)，芬兰国家技术创新局(Tekes)，芬兰官方出口信贷机构(Finnvera)，芬兰贸易、国际化和投资促进总署(Finpro)，产业投资(Industry Investment)，芬兰技术研究中心(VTT)以及芬兰地质调查局(Geological Survey of Finland)	2 组：芬兰发明基金会(Foundation for Finnish Inventions)，芬兰标准协会(Finnish Standards Association)，芬兰国家旅游局(Finnish Tourist Board)以及其他基金会和机构
官方活动	3 组：芬兰国家专利与注册委员会(National Board of Patents and Registration)，芬兰计量和认证中心(Center for Metrology and Accreditation)，芬兰安全与化学品总局(Tukes)和芬兰国家消费者研究中心(National Consumer Research Center)	4 组：芬兰竞争和消费者管理局(Finnish Competition and Consumer Authority)，芬兰能源市场管理局(Energy Market Authority)和芬兰紧急供应局(National Emergency Supply Agency)

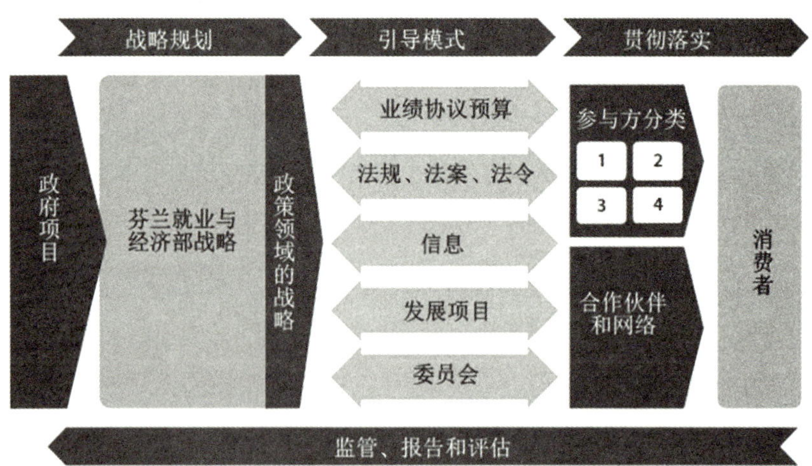

图 5.2 芬兰就业与经济部的引导模式

资料来源：芬兰就业与经济部(MEE)，2008b。

展望未来

除了战略、草案、协调和横向合作活动之外,芬兰知识经济生态系统的管理和议程设定必不可少的组成部分是采用前瞻性(远见)的方法提供信息、发动不同参与方加入其中,以及使不同参与方达成共识。

芬兰创新系统已经将前瞻性规划纳入国家的议程设定。尽管前瞻性体系涉及范围广泛,但却呈现出碎片化现象。在国家政策层面上,已经专门成立了一个组织机构,将前瞻性规划纳入政策制定流程(Eerola and Holst Jorgensen,2008)。芬兰政府每 4 年制定一份前瞻性报告(每个选举周期制定一份),并提交至芬兰议会,在此期间社会各界开展的对话是政策制定流程的基础。在这份报告中,通常制定未来 15 年的增长目标和生活水平提高目标,以及政府对特定议题和政策的未来展望。芬兰未来委员会讨论和评估这份前瞻报告,同时该委员会提出自己的报告。

未来委员会协调各项不同的前瞻性实践和研究,并向其他委员会提供相关议题的信息。未来委员会成立于 1992 年,最初是由芬兰人民提议创建,现在已经发展成为向芬兰议会和政府各部提供信息的重要机构。此外,该委员会还负责代表议会评估科学研究和技术对社会带来的影响。

另外,其他级别的政府也会采用前瞻性方法(详见专栏 5.8)。各种组织机构也会作出各自的预测,包括芬兰教育与文化部、芬兰国家技术创新局、芬兰国家研发基金、芬兰科学院,以及诸如经济发展、交通和环境中心(ELY centers)等地区性的行政机构以及其他组织。在教育、劳动力和创新政策方面运用长远的视角看待问题尤其重要。例如,芬兰国家教育委员会提供一项全国性的服务,简称 ENSTI,其目标是协调各项预测,尤其是教育政策和劳动力政策的预测协调。近年来,芬兰科学院和芬兰国家技术创新局也会实施一些前瞻性项目,其中有各自开展前瞻性项目的情况,也有共同开展项目的情况(如 2005 年进行的 2015 年芬兰视界流程,the Finsight 2015 process)。总而言之，上述举措传达出各界对未来发展道路的设想和对关键技能和技术的预期程度。

组织议程设定和前瞻性预期的芬兰模式中，一项关键措施是成立芬兰国家研发基金，该机构是一个独立的公共基金会，任务范围包括促进芬兰稳定平衡发展，推动经济增长，提高国际竞争力和加强合作（详见专栏 5.9）。

—专栏 5.8

政府前瞻性活动

芬兰每届在任政府都有法定义务向议会未来委员会提交一份前瞻性报告，具体内容是政府对未来 10 年至 20 年的发展预测。该报告聚焦于在报告涉及的时间跨度内对政府政策具有战略影响的重要问题，并提出政府对选定问题及相关政策的观点和看法，重点关注对国家意义重大的主题。2012—2013 年，重要主题是可持续性和福利待遇。先前的主题包括气候和能源政策（2009）和人口、移民政策及老龄化问题（2004）。

总理办公室负责拟定前瞻性报告，在报告定稿之后，还负责其贯彻落实工作。在实践中，总理办公室负责整个流程，而政府各部组织具体内容（芬兰就业与经济部，2012—2013）。目前芬兰的情况是总理办公室和相关部委与芬兰国家技术创新局、芬兰科学院和政府智库芬兰国家研发基金共同贯彻落实该流程。在实际工作中，受相关部委的委任，资深官员和其他主题专家组成专家小组并拟定实践发展规划，而政府的前瞻性报告便是以此为基础。

最新的流程采用新方式，使更多的人员参与到预测未来的工作中。其起点为对未来的分析，而对未来的分析是以对芬兰国内外政策的统合分析、前瞻性报告和战略、针对专家和普通民众的调查结果为基础的。基于上述数据和资料，部长工作组选出并批准 6 个副主题。这些副主题在一系列迭代的研讨会中会得到进一步发展，因为在研讨会中，由专业学者和产业代表组成的专家小组受邀对 6 个副主题逐个展开讨论，最终形成对未来的愿景，勾勒出实现愿景必须具备的能力，并提出政策实验建议。广泛邀请普通公民、专家和官员参与上述流程，参与方式包括登陆门户网站或参加研讨会。对未来的长远规划为部长工作组负责制定的《关于未来的政府报告》提供了重要基础。欲了解更多信息，请浏览总理办公室网站(http://vnk.fi/hankkeet /tulevaisuusselonteko358587/en.jsp)。

本案例的观察结论：

- 基于专家视角和现有政策选项的系统分析对未来进行预测是实现良好治理的关键因素，尤其是在不断变化的时代。
- 对未来进行预测的方式多种多样，但是芬兰模式表明众多利益相关者和民间社会广泛参与的重要价值，如此可以确保社会各界了解政策选项、参与政策制定并为落实政策付出努力。在这一点上，对政策制定者而言，对未来预测的过程也许比实际产生的结果更具有价值。

专栏 5.9

芬兰国家研发基金：独立的“变革基金会”

芬兰国家研发基金成立于1967年，是独立的公共发展基金会。法律规定，其职责是促进芬兰稳定平衡发展，推动芬兰经济质和量的增长，提高国际竞争力和加强合作。与其他基金会和发展组织相比，芬兰国家研发基金虽隶属于议会，但却拥有独立的地位，且并不负责贯彻落实政策。芬兰国家研发基金的运营资金来源于捐赠资金和资助企业运营的收益。其年度预算达到约4 000万欧元。

芬兰国家研发基金的主要任务之一是协助芬兰政策制定者和整个公共部门有依据地制定决策，政策内容为如何在不断变化的世界中发展芬兰经济和社会。该基金会已经通过开展众多发展项目和研究履行其职责。芬兰国家研发基金被视作“变革的基金会”，肩负独立的使命，制定、试点和孵化新政策和新举措。该基金会的另一角色是通过提供讨论平台担任议会、部委和产业沟通交流的媒介。

2005年，芬兰国家研发基金曾采用基于项目的方法论。这种模式专注于围绕特定核心主题的发展领域，而其核心主题与社会经济的发展相关联。

2012年年末，芬兰国家研发基金放弃采用基于项目的方法论，转而采用基于主题的方式方法，源于其发展战略选定三大主题：可持续的生活方式和明智地利用自然资源；可持续的领导和福利服务；瓶颈问题和新的经济增长机会。

除了开展研究和发展项目以外，芬兰国家研发基金还通过投资和促进商业发展业务（针对基金会和公司的发展项目和投资）履行其职责。该基金会采取上述措施的宗旨是促进芬兰企业的发展和国际化经营，充分利用国际性基金会的专家技能和网络。

近年来，作为智库，芬兰国家研发基金的作用和影响不断得到强化，其目标是影响重要决策者制定的发展议程，并参与多种政策领域的公开互动。欲了解更多信息，请浏览芬兰国家研发基金的网站（http://www.sitra.fi/en）和维赫科（Vihko）等人出版的文献（2002）。

本案例的观察结论：

- 和专门的智库和前瞻性组织相比，芬兰国家研发基金的明显优势是拥有自己的发展活动资金和相对独立的地位。

小结和关键信息

近年来，制定芬兰政策议程的主要方式变化甚微。国家的成功有赖于其各方面的能力：创造和应用新信息的能力，培养高质量技术和商业竞争力的能力，了解市场的能力等。这已成为芬兰社会各界的广泛共识。因此，芬兰选择投资发展知识和专业技术。另外，教育、研究、技术和创新的发展已经上升为“国家项目”。芬兰政策议程的关键优势之一是长期以来各届政府政策的持续性和一致性。

以研发和信息通信技术为中心的重大活动早期曾在芬兰国家战略内容中居主导地位。目前除了以研发和信息通信技术为中心的活动以外，芬兰已采用涉及范围更广泛的新模式，创新活动涉及社会生活的方方面面。在这种模式下,知识经济成功的关键是综合利用物质、人才和社会资本。

从设定发展议程的角度而言,社会各界达成广泛共识并支持将芬兰建设成知识经济体的国家战略至关重要。此共识已经持续20年之久,基本发展模式相对稳定,这都得益于历届政府执政过程中力图保证政策的持续性。虽然近年来政府大力削减财政预算,但是教育、研究和创新政策的重要地位依然保持稳定。

第二,芬兰各政府、议会和各机构从长远的角度制定政策,采用预测流程支持政策的制定。不仅仅是在制定各项独立政策时以前瞻性为指导,在制定涉及范围广泛的国家发展议程时亦如此。这是芬兰模式的显著优势。

第三,在国家层面和战略层面上,芬兰教育、研究和创新政策的协调统一极大地促进了芬兰知识经济的发展,尤其是得益于高层协调机构芬兰研究和创新委员会所做的协调工作。

第四,另一个非常关键的方面是重视教育政策,并将其纳入国家战略。芬兰政府一直高度重视高层次教育的成果和高质量的基础教育。每个芬兰人都享有接受基础教育的机会。专栏5.10综述了第五章中的关键信息。

专栏 5.10

关键信息

- 芬兰知识经济的管理模式非常重视关于未来的共同愿景、政策规划流程的协作性以及各环节利益相关方的广泛参与。这种模式也很有可能提高政策的一致性、稳定性和可预测性。
- 芬兰国土面积小,可用资源匮乏,更进一步凸显出在战略水平上达成广泛共识、联合做好相关准备和利益相关方广泛参与的重要性。此外,从长远角度出发,将教育政策列为国家战略也至关重要。
- 芬兰面临着一项隐形的挑战,即基于高度统一共识的模式是否为"发散思维"预留了足够的空间,进而是否会影响到剧烈变革和创新的萌芽。同样地,在有需要的情况下,这样的模式是否允许颁布和实施激进的决策。大胆的政治决策往往诞生于危机期间,而危机期间协调一致的决策往往不足以解决问题。

- 将基础广泛的战略付诸实施需要系统性的流程和贯彻方式，也离不开各方的参与和支持，需要协调中央各部之间的关系以及各政策部门之间的关系。

参考文献

Aho Group. 2006. "Creating an Innovative Europe." Report of the Independent Expert Group on R&D and Innovation appointed following the Hampton Court Summit and chaired by Mr. Esko Aho, Luxembourg. http://ec.europa.eu/invest-in-research/action/2006_ahogroup_en.htm.

Blind, K., and L. Georghiou. 2010. "Drivers and Impediments for Innovation in Europe." *Intereconomics* 45(5): 264-86.

COM(Commission to the Council). 2006. "Putting Knowledge into Practice: A Broad-Based Innovation Strategy for the EU." Communication from the Commission to the Council, the European Parliament, the European Economic and Social Committee, and the Committee of the Regions, Brussels, Belgium. http://eur-lex.europa.eu/LexUriServ/LexUriServ.do?uri=COM:2006:0502:FIN:en:PDF.

Dachs, B., I. Wanzenböck, M. Weber, J. Hyvänen, and H. Toivanen. 2011. *Lead Markets*. Task 4 Horizontal Report 3, European Commission, Consortium Europe, INNOVA Sectoral Innovation Watch, Brussels, Belgium. http://ec.europa.eu/enterprise/policies/innovation/files/proinno/lead-markets-report_en.pdf.

Dahlman, C., J. Routti, and P. Ylä-Anttila. 2007. *Finland as a Knowledge Economy: Elements of Success and Lessons Learned*. Washington, DC:

World Bank.

Edquist, C., T. Luukkonen, and M. Sotarauta. 2009. "Broad-Based Innovation Policy." In *Evaluation of the Finnish National Innovation System: Full Report*, 11-70. Helsinki: Taloustieto Oy. http://www.tem.fi/files/24929/InnoEvalFi_FULL_Report_28 Oct_2009.pdf.

Eerola, A., and B. Holst Jørgensen. 2008. "Foresight in Nordic Countries." In *The Handbook of Technology Foresight*, edited by L. Georghiou, J. Harper, M. Keenan, I. Miles, and R. Popper. PRIME Series on Research and Innovation Policy. Cheltenham: Edward Elgar.

EU(European Union). 2006. "Finland's Presidency of the EU: Results." EU2006.fi, Prime Minister's Office, Helsinki. http://www.eu2006.fi/news_and_documents/other _ documents /vko52/en_gb/1166173795584/_files/76535077126275317/default / results_presidency_221206_en.pdf.

Lemola, T. 2002. "Convergence of National Science and Technology Policies: The Case of Finland." *Research Policy* 31(8-9): 1481-90.

MEE(Ministry of Employment and the Economy). 2008a. "Finland's National Innovation Strategy." Helsinki. http://ec.europa.eu/invest-in-research/pdf/download_en/finland_ national_innovation_strategy.pdf.

——2008b. "Työ-ja elinkeinoministeriö: Kehityshanke hallinnonalan konserniohjauksen mallintamiseksi ja toteuttamiseksi. [MEE Group Steering Model, Development Project Report]." Helsinki. http://www.tem.fi/files/29824/Konserniohjausmalli.pdf.

——2013. "Innovation Policy Implementation." MEE, Helsinki. http://www.tem.fi / index.phtml? l=en&s=4947.

OECD(Organisation for Economic Co-operation and Development). 2012. *Education at a Glance 2012: OECD Indicators*. Paris: OECD Publishing. http://www. uis. unesco. org/Education/Documents/oecd-eag-2012-en.pdf.

Oksanen, J. 2006. "Information Society Governance and Its Links to Innovation Policy in Finland." In *Governance of Innovation Systems*, *vol*. 3: *Case Studies in Cross-Sectoral Policy*, edited by OECD. Paris: OECD Publishing.

Governing the Knowledge Economy Ecosystem

Prime Minister's Office. 2013. *Government Report on the Future*: *Well-Being through Sustainable Growth*. Helsinki: Prime Minister's Office. http://vnk.fi/julkaisut/listaus / julkaisu/fi.jsp? oid=398205.Raivola, R., K. Kekkonen, P. Tulkki, and A. Lyytinen. 2001. *Producing Competencies for Learning Economy*. Sitra Report 9. Helsinki: Edita Prima. http://www.sitra.fi/julkaisut/raportti9.pdf.

RIC(Research and Innovation Council). 2010. *Research and Innovation Policy Guidelines for* 2011-2015. Kopijyvä. http://www. minedu. fi/ export/sites/default/OPM/Tiede / tutkimus-_ ja _ innovaationeuvosto/ julkaisut/liitteet/Review2011-2015.pdf.

Sabel, C., and A. Saxenian. 2008. A *Fugitive Success*: *Finland's Economic Future*. Sitra Report 80. Helsinki: Edita Prima. http://www.sitra.fi/ julkaisut/raportti80.pdf.

Schienstock, G. 2007. "From Path Dependency to Path Creation: Finland on Its Way to the Knowledge-Based Economy." *Current Sociology* 55(1): 92-109.

STPC (Science and Technology Policy Council). 1996. Finland: *A Knowledge-Based Society*. Helsinki: STPC.

——2008. *Review* 2008. Helsinki: STPC.

Tiili, M. 2004. "Strategic Political Leadership: A New Challenge for Finnish Ministers."

Paper prepared for the European Group for Public Administration annual conference, "Four Months After Administering the New Europe."

Ljubljana, September 1-4.

Vihko, R., M. Castells, L. Georghiou, S. Jalkanen, F. Meyer-Krahmer, P. Vuokko, and M. Gröhn. 2002. "Evaluation of Sitra, 2002 [in Finnish]." Sitra, Helsinki. http://www. sitra. fi/julkaisu/2011/evaluation-sitra-2002.

第六章　贯彻创新政策

凯莎·拉特恩梅基-史密斯

在不同领域有效实施知识经济政策，必须建立有效的组织结构，辅之以适当的政策工具。在芬兰，中央各部已经将"专门贯彻落实工作"转交至专门的机构及其具体的政策实施工具负责，保留其制定政策的职能。

本章首先讨论芬兰贯彻政策模式的特征，其次阐述参与方和倡议者如何落实政策。通过介绍芬兰经验，本章提供具体实例以阐明如何结合中央资金与区域因素以及如何实现跨境创新。

背后的原因：在芬兰背景下贯彻创新政策

近期，芬兰的创新政策成为公共政策的核心要素之一，有利于促进经济增长、增加福利与就业并提升竞争力。政府已将实施创新政策委派至国家与地区的专家组织网络，从大学到其他研究、开发和创新（RDI）组织。这些参与者和组织共同构成芬兰贯彻创新政策与战略的基础（有关系统管理，请参阅第五章；有关概述，请参阅第二章）。

正如芬兰创新系统的国际评估分析结果所示，芬兰实施创新政策的模式以分散模式和区域高度参与为特点（Veugelers et al.，2009：42～43）。产业政策与科技政策之间的密切联系也是芬兰一揽子政策的典型特征。

尽管围绕一些经济增长中心的集中化程度日益增加，芬兰的大学网络仍然保持着高度区域化和密集化的特征，落实政策的机构包括区域中心、区域委员会以及芬兰国家技术创新局。区域地方当局和国家机构为政策的落实提供了巨大支持。各地各区域已经在推广和实施各种政策工具和项目，全国各处的城市中心也在落实相关政策和项目（例如，通过专业技术中心计划，本章后文将具体讨论该计划）。

研发（R&D）与解决社会问题之间的联系愈加明显，公共研究越发有望为解决社会问题做出贡献。尤其是公共研究机构通过业绩指导和芬兰各部委相关联，应该为实现与政策相关的研究和社会目标提供支持。宣传科学知识是最重要的社会目标（占公共资金的48%），其他目标在于促进生产与技术的发展（19%），提供公共政策和服务（28%）（芬兰统计局，https://www.tilastokeskus.fi/index_en.html）。

芬兰创新系统的整体实力和其采纳最新技术的难度之间形成了鲜明的对比，根据世界经济论坛发布的报告（WEF 2013，11），芬兰仅位居第25位。在这方面加以改善可以发挥重要的协同作用，并巩固该国作为全球领先的创新经济体的地位。建立科技和创新战略中心（SHOKs）的目标之一（本章将在稍后对此进行讨论）在于缩小投入和产出之间的差距：与其他国家相比，芬兰的教育与支持创新的公共投入一贯较高，但是产出水平相对较低。

要振兴产业就必须将新创意转化为竞争优势，通过振兴产业创造就业机会，改善福利待遇。许多传统的真理不再适用，政策实施在实现创新和可持续增长上面临着越来越大的压力。近年来，众多工作计划、工作小组以及政策文件已经针对上述问题提出了一些变革的刺激措施和可能的应对方案［Alahuhta，2012；Eloranta，2012；就业与经济部（MEE，2013）］。正如肯凯宁（Känkänen）、林德罗斯（Lindroos）、米吕莱（Myllylä）在其文章中所述（2013，62）：

随着商业环境变得越来越复杂，实施产业政策愈加困难。传统的国家集群让路于全球价值链，国民核算并不总能紧跟这一趋势。企业利益与国民经济正在分化。尽管如此，经济增长的基本要素，即工作投入量和劳动生产率的发展，仍然是经济增长的关键因素。

例如，信息和通信技术（ICT）行业的工作小组指出，能够促进适当变革和灵活性的政策具备以下四大关键要素：基础设施、专业技术、融资以及工作实践和运营文化（信息和通信技术 2015 工作小组，2013）。以上要素对于其他行业同样必不可少，企业与公共部门显然需要基础设施为其提供有效和协调的服务。公司必须持续提升专业技术水平才能在竞争中保持优势。公司在生命周期的不同阶段必须具备足够而适当的资金，以承担风险。工作实践与运营文化的变革可能是最艰难的目标，因为这涉及无形的文化因素，无法在短期或者中期内通过政策实现转变。上述各方面是促进有效实施创新政策的重要驱动力。

国家层面推行知识经济

芬兰政策贯彻模式一直在努力寻找并保持科学、研究和创新政策之间的平衡，其不同资金来源间的平衡和不同贯彻方式间的平衡，具体如下：

(1) 私人融资和公共投资。

(2) 研究机构的竞争性资金和基本资金。

(3) 自上而下（战略）和自下而上（自由放任式以及学术同行评议式）融资。

(4) 集中式（国家）和分散（区域或省级）式融资。

整体目标是将分配给公共研究、开发与创新（RDI）的经费预算比例维持在 4%（占国内生产总值的比例）。2012 年，RDI 的公共经费约为 20 亿欧元（见表 6.1）。尽管近年来分配给 RDI 的预算份额有所下降，但是与其他国家相比仍然较高。大学的经费预算份额约占 29%（2013 年为 5.76 亿欧元），芬兰国家技术创新局的技术开发经费约为 5.42 亿欧元（占 27%），分配给公共研究机构的经费份额位居第三（占 15%，约为 3.04 亿欧元）。

尽管芬兰创新政策的贯彻模式以分散式为基础，但是财政资源相对集中。芬兰国家技术创新局（负责芬兰技术与创新的资助）和芬兰科学院（负责芬兰科学研究的资助）主要负责研究与开发（R&D）的资助与管理，贯彻执行芬兰政府在创新与商业发展领域的政策。其他政策执行机构列于本书的结尾处（关于芬兰创新体系的概述，请参阅第二章的图 2.3）。

表 6.1　2013 年研发资金（按照机构类别）

机构类别	研发资金（百万欧元）	占研发资金总额比例（%）
公共研发资金总额	2 001.6	100.0
大学	575.6	28.8
芬兰国家技术创新局	542.3	27.1
芬兰科学院	329.3	16.5
研究机构	303.7	15.2
其他	219.7	11.0
大学医院	31.0	1.5

资料来源：芬兰统计局 2013。

芬兰的公共部门研究历史悠久，即受特定部委资助的公共部门研究组织和机构，它们向部委提供研究资料与专业技能以支持其决策制定。上述类型的研究机构的数量约为 20 家，目前其中的一些机构已经完成合并或是正在经历重大改革。研究组织的压力与日俱增，必须确保政府部门的决策更加有据可依，同时为其提供成本效益高且有效的支持。最大的机构包括芬兰国家技术研究中心（以下简称 VTT），受助于且隶属于芬兰就业与经济部（以下简称 MEE）；国家卫生与福利研究所，隶属于社会事务与卫生部门；芬兰环境研究所，隶属于环境部门。有关其他研究机构，请参阅本书最后所附的参与方名单。

2013 年，政府研究机构与研究经费全面改革的政府决议得以通过（更多信息请访问总理办公室的官方网站，www.vnk.fi/tula）。改革旨在强化具有社会意义的多学科与高水平研究，以迎接挑战并满足社会与政府的知识需求。同时力图将研究机构重组为规模更大、效率更高的实体，重新构建研究与分析的资助模式，在更短期和更长期内直接满足政府的知识需求。例如，芬兰将会建立新的政策工具,用于资助战略研究,以满足政府和部委长期的知识需求(3～6 年)。在芬兰科学院的资助下,2017 年战略研究将另外获得7 000万欧元的研究经费,并将由全新的独立机构即战略研究委员会进行管理。支持政府短期(1～3 年)社会决策的研究和分析活动也将得到加强。这笔经费将从政府研究机构的预算拨款中逐渐累积,由政府和各部门进行支配。这项工作将会在 2014—2016 年分阶段逐步开展,研究、评估和分析活动的非专项资金于 2014 年达到 500 万欧元,2015 年达到 750 万欧元,2016 年达到1 250万欧元,以满足政府和各部门的即时信息需求。出于锁定知识需求和协同努力的目的,各部门正在拟定简要的研究计划,由总理办公室统一协调。

近数十年来,项目计划成为芬兰实施创新政策的主要工具。实践证明,在分散式的体系中,项目计划是落实定向政策的适当手段。然而,政策落实已经从完全以计划为基础转向主题模式。芬兰国家技术创新局也正在朝这个方向发展(见专栏 6.1)。芬兰的另一趋势(正如欧盟的其他地区)是将应对社会挑战作为策划与实施政策的组织原则(见专栏 6.2)。全新的创新型城市规划(INKA)是这一转变的最新示例,本章稍后将对此进行讨论。

—专栏 6.1

芬兰国家技术创新局:政府激励技术发展和创新

芬兰国家技术创新局成立于 1983 年,旨在促进 20 世纪 70 年代经济衰退后芬兰工业的发展,是由政府资助的非盈利性机构,隶属于芬兰就业与经济部。

目前国家技术创新局正在开展近 20 个项目计划,承担不同的活动,从前瞻计划(预见)到经费与专家服务,同时为芬兰国内外的社区提供合作平台与网络。芬兰国家技术创新局专注于六大领域:

- 自然资源与可持续经济;
- 智能环境;
- 人的活力;
- 全球价值网络中的商业;
- 解决方案与无形资产创造的价值;

• 数字化手段带来的服务与生产革新。

2012 年，国家技术创新局为公司与研究组织提供 5.7 亿欧元的经费。其中，3.5 亿欧元分配至公司项目，这当中的 68%又投入至国家技术创新局的战略区域，即中小型企业。平均而言，国家技术创新局的影响系数约为 21：其投入至公司的每一欧元平均能够带来 21 欧元的年营业额。

国家技术创新局是芬兰创新体系中的核心执行主体，每年为 1500 个企业的研发项目以及约 600 个公共研究项目提供经费。自 20 世纪 90 年代起，国家技术创新局的资助经费翻了一番，2011 年总额为 6.1 亿欧元(2005 年总额为 4.29 亿欧元)。其中 75%的经费来源于政府预算。国家技术创新局在芬兰国内外的员工数量从 20 人(1983)增加到 400 多人(2013)。

国家技术创新局的主要目标在于加强知识基础建设，鼓励公司依靠创新获得增长，提升区域活力，增加国际性创新活动，提高工业生产率，并通过创新活动提升社会福利。近年来，国家技术创新局强烈主张树立宏观的创新观念，同时强调进行与服务相关的设计、企业与社会创新以及传统形式创新的重要性。除了经费资助，国家技术创新局还为公司提供诸如制定企业计划的专业服务，以及通过开展特定领域的技术计划，促进新研究领域的发展。

国家技术创新局既资助产业研发项目，也为大学和研究机构里的项目提供经费，尤其是创新与高风险项目。国家技术创新局的资助可能是低息贷款或者直接拨款，这取决于创新的阶段和所提议项目的性质。近年来，国家技术创新局的主要经费分配至芬兰科技创新战略中心(SHOKs)。更多信息请访问国家技术创新局(Tekes)网站(www.tekes.fi)。

本案例的观察结论：

• 完整的研发和创新资助以及政府补贴机制是推动研究、创新与经济复兴的关键因素。

• 独立于政府决策部门的机构负责研发和创新资助经费，强调机构在经费决策、行政管理和拨款监管方面的专门化职能。

—专栏 6.2

维哥(Vigo)商业加速器：以创业带动振兴

维哥企业加速器项目启动于2009年，旨在为初创科技公司与国际风险投资架起一座桥梁。该项目专门针对年轻的创新型与增长型企业，尤其是以逐鹿全球市场为目标的创业公司。

维哥项目的核心是维哥加速器：由一群企业家领导的独立公司。加速器为项目选定的创意企业提供资金、专家意见与指导。目前有10个加速器同时运行，向目标公司投入时间与资金，同时发挥提供战略决策与协助运营的作用。

维哥项目中的私人投资者包括投资商、天使投资人、基金会以及企业孵化器。维哥项目的公共资金来源于国家技术创新局和芬兰出口信贷担保公司(Finnvera)旗下的金融工具。维哥项目的成功体现在自该项目启动以来，维哥投资公司已经募集了超过1亿美元的资金。作为芬兰近期大获成功的一家游戏公司，超级细胞企业(Supercell)与其他创业者共同成立了“生命线合资企业”(Lifeline Ventures)，专注于投资卫生技术(医疗技术、生物技术与电子医疗技术)、游戏和网络。

芬兰就业与经济部(MEE)成立的指导小组为维哥项目的实施与发展提供指导。芬兰就业与经济部委托完美伙伴有限公司(Proficт Partners)实施该项目。更多信息请访问维哥网站(www.vigo.fi)。

本案例的观察结论：

- 对于初创企业而言，聘请经验丰富的企业家担任创业导师十分重要。
- 经验丰富的企业家不仅可以提供私人股本，还拥有丰富的成功创业实践经验，可以成为新企业家的楷模。

区域和省级层面推行知识经济

在评估政策贯彻情况时，需要注意芬兰创新政策的落实很大程度上以分散式为基础，但是各地在整体的中心目标上达成共识。在这种分散式的贯彻模式下，幅员辽阔、地貌多样的国家可以根据区域特点协调和促进区域专业技术的发展。此外，前文所提及的部门研究机构通常在全国各地拥有分支机构，与大学进行紧密合作。

区域创新政策的指导方针以政府的国家区域发展框架为基础。在此框架下，芬兰就业与经济部和芬兰教育与文化部负责制定适当的政策措施。

区域创新政策"一方面支持利用区域中心外的专业技能，另一方面希望全国各地可以充分利用不断增加的技术与专业技能经费"。该政策已经通过专业技术中心计划得以实施(见专栏 6.3)。基于区域创新政策框架的其他项目计划包括促进大学与理工专科学校的区域活动(更多信息请访问芬兰就业与经济部网站，http://www.tem.fi/en/regional development)

芬兰各区域贯彻知识经济政策的其他主要组织包括 15 个经济发展、交通与环境中心(简称 ELY 中心)，负责在各区域内执行与完成中央政府的发展任务。其职责包括提升区域竞争力、福利，促进区域可持续发展，遏制气候变化。组织的职责包括为企业融资、提供研发服务、就业援助、劳动力市场培训、农业和渔业问题以及道路维修。经济发展、交通与环境中心建立于 2010 年，属于区域政府改革的一部分，其宗旨在于提供更加高效的区域管理模式，确保提升人力资源效率。然而，这些目标尚未实现，经济发展、交通与环境中心的角色和职责有待明确。在其承担的所有职责当中，协调各部门的责任最具挑战性。就创新领域而言，芬兰国家技术创新局的每个中心均有众多的区域专家，保证全国各地政策的顺利实施以及信息的畅通。

各种各样的区域或省级创新主体对区域政策贯彻网络做出补充，这些主体通常是区域当局或其公会所拥有的私营公司。作为该网络的协调工具，芬兰就业与经济部(MEE)于2005年提出创新网络概念。主要活动包括培训、研讨会、数据共享、试点项目以及网络系统。

—专栏6.3

发展区域专业技术网提升竞争力

20世纪90年代,芬兰建立了专业技术中心,自此成为芬兰区域创新政策的主要工具。专业技术中心旨在将高水平的专业技术作为商业运作、职业开发和地区发展的资源。

专业技术中心计划最初是围绕区域性分散式的网络组织开展的,其网络由20多个中心构成,在2007到2013年间,芬兰专业技术中心计划(OSKE)共构建了13个具有竞争力的国家级产业集群,每个集群由4至7个区域专业技术中心组成。每个集群旨在建立自己的公私合作网络,致力于实现将研发成果向产业转化的共同目标。每个集群都有指定的项目主管,协调集群的国内和国际业务。就国家层面而言,这一项目主管由政府所任命的跨部门委员会进行协调。2009年至2012年,该中心的预算约为6 280万欧元(主要来自Tekes)。2007年至2013年,共创造3 000个就业岗位,建立约581家公司,4.4万名员工获得专业培训。更多信息请访问芬兰专业技术中心计划网站(www.oske.net/en)。

鉴于专业技术中心目前所获得的成功经验、近期的社会经济发展以及即将到来的挑战(全球化、人口变化和城市化带来的挑战),中心正朝着以证据为基础的方向发展,并将外部评价的结果和建议考虑在内(共有5个)。2010年最新的评估报告公布之后,专业技术中心计划的概念进一步发展:2013年,专业技术中心计划被创新城市(Innovatiiviset Kaupungit, INKA)计划取代,该计划更加明确地以城市中心为主导,力求更加有效地利用购买力、服务结构和芬兰主要城市中心的国际网络。为了促进经济增长,INKA与政府进行合作,在这些城市地区实施大型发展项目(住房、交通)。这些大型发展项目(与基础设施相关)可以作为试点,为芬兰的专业技术开拓新的市场。2014年,芬兰就业与经济部批准了该计划的五大国家发展主题,同时决定了负责领导具体工作的城市区域。这五大主题分别是生物经济、可持续能源解决方案、未来的医疗保健、智能城市和产业升级。政府向该计划提供 1 000 万欧元经费，其余 1 000 万欧元来自城市区域。欧盟结构基金也为该计划提供资助。2017 年，将会对这些主题和区域进行审核。

卓越中心计划(STET)类似于专业技术中心计划，只是卓越中心负责科研的相关工作，其宗旨是为相关领域的尖端研究提供更多经费，进而提高芬兰科学研究的质量。卓越中心需要经过两轮选拔，由国际同行进行评审，经费来源于芬兰科学院、芬兰国家技术创新局、主办单位以及商业公司。2012 至 2017 年的项目计划中共有 15 个卓越研究中心。2008 至 2012 年的经费略高于 5 600 万欧元。

对一个大学结构相对分散的国家而言，卓越中心计划尤为重要。在芬兰，分散各地的大学为研究合作或教育目的而进行校际访问提供了良好的契机，但是从国际竞争角度而言，大学内的研究小组规模仍然较小。更多信息请访问卓越中心网站(http://www.aka.fi/en-GB/A /Centers-of-Excellence-/)。

本案例的观察结论：

- 专业技术中心、卓越中心和创新城市(INKA)计划均以推广和利用专业技术为宗旨，因此可能对幅员辽阔、地貌多样的国家具有一定的参考价值。
- 创新城市计划围绕城市中心网络展开，通过提供创新性的公共服务、公共采购解决方案以及在当地建立各种类型的创新试点和示范工程促进创新，以上事实证明该计划对于其他国家具有借鉴意义，因此其发展值得密切关注。

跨部贯彻创新政策:科技与创新战略中心(SHOKs)

芬兰的科学、技术与创新战略中心是芬兰实施创新政策的最新与最有力的工具之一。它们旨在结合应用研究与“蓝天研究”(纯粹由好奇心驱动的研究,没有即时回报价值),协调卓越性(通常是针对芬兰科学院与其他学术研究资助机构的主要标准)和相关性,即实际应用价值(通常是针对公司及其资助机构的主要标准)。近期,科技与创新战略中心已经接受评估,为评估创新政策贯彻工作中的成功和挑战提供了一个合适的案例,同时对其他国家应对类似的挑战与局限提供了借鉴。

2006 年,芬兰以公私合作关系开始实施科技与创新战略中心,目标是在创新系统层面加速创新进程,培养新能力和推动突破性创新以振兴芬兰产业集群。科技与创新战略中心展现出芬兰协调管理机制的许多特点、体制内部的角色和职能以及不同空间维度(全球化与国际化产业;跨部门的创新生态系统,同时实行区域定位;结合区域和当地环境的国家政策和实施方式)的相互作用。

科技与创新战略中心和相关的研究项目主要由芬兰国家技术创新局提供资金。科技与创新战略中心研究项目的合作方共同享有知识产权,但是产业合作方也可能会保留产业研发项目的知识产权。为实现科技与创新战略计划的目标需要开展相关研究(基础研究),其研究资金由芬兰科学院提供,同时芬兰科学院的卓越中心也会为科技与创新战略中心计划提供支持,因为科学院资助的各中心与该计划存在一定的联系。

2007 年至 2012 年,科技与创新战略中心的预算约为 8 亿欧元。作为主要资助机构的芬兰国家技术创新局为该计划提供大部分经费(约 50%),其中约 40%的经费来自公司,其余经费来自大学与研究机构。该计划可能也通过欧盟研究计划申请资助,尽管这部分资助很大程度上仍未得到充分利用。

2013 年 10 月,共有 6 个科技创新战略中心正常运营:

- CLEEN 公司（环境与能源领域）；
- FIMECC 公司（金属产业）；
- SalWe 公司（健康与福利）；
- DIGILE 公司（原名 TIVIT 公司，信息通信技术和数字化服务部门；见专栏 6.4）；
- RYM 公司（建筑环境领域）；
- 芬兰生物经济集群 FIBIC 公司（生物技术）。

专栏 6.4

DIGILE 科技与创新战略中心

DIGILE 科技与创新战略中心（原名为 TIVIT）由 40 家公司、大学或公共机构组成，旨在构建全新的以信息通信技术为基础的创新生态系统，为 DIGILE 的所有者和合作伙伴的新业务创造全球增长的机遇。在实践中，DIGILE 与利益相关者共同为选定的研究领域制定研究项目。2013 年 10 月，有 6 个研究项目在规划当中或者已经运营：

- 设备与互操作性生态系统，专注于新型智能设备和空间。
- 云软件，专注于互联网服务、可持续发展、用户体验与信息安全的价值链。
- 新媒体，专注于媒体的新型盈利模式。
- 物联网，专注于建立具有竞争力的生态系统，采取促进商务发展的措施，提升芬兰的全球知名度，推动技术的革新与标准化。
- 数据智能化，致力于开发智能工具以及管理、提炼和使用数据的方法。
- 数字化服务，致力于打造和开发新型数字化服务。

DIGILE 拥有自己的 FORGE 服务实验室，用于开发数字化服务，位于卡尼亚（Kajaani），距离赫尔辛基北部约 550 公里。该实验室以云服务为主导，是公开汇集开源思考的论坛。此外，也助力于其他产业部门的发展，促进公共管理部门提供更完善的服务。

如同所有的科技与创新战略中心，DIGILE 是一家国有的有限责任公司。

董事会负责公司的正常运作以及研究计划的具体内容。首席执行官和技术总监负责运营管理。项目经理(来自公司内部)负责执行项目。DIGILE共有9名员工(5名管理人员,4名科研人员)。

2010年,该研究计划的联合预算为5 000万欧元,基于每个研究项目小组的申请进行经费分配。所有项目小组签订联合协议之后,项目组向芬兰国家技术创新局申请公共资助。

DIGILE这一名称确立于2013年8月,结合“数字化”(digital)和“敏捷化”(agile)两个单词而成,旨在突出数字化在商业和服务中所扮演的角色。更多信息(包括对于该模式及其成果的详细描述)请访问DIGILE网站(www.digile.fi)。

科技与创新战略中心采用全新的方式开展合作、共同创造和互动。国际合作同样非常重要。此外,创新性研究环境和生态系统的测试与试点构成了科技与创新战略中心运营中必不可少的一部分。在科技与创新战略中心,公司与研究单位紧密合作,针对各中心战略研究议程共同确定的主题进行研究。开展研究的目标是5～10年内满足芬兰产业和社会的需求。参与全新的开创性研究领域和推动全新的知识协作,资金与基础设施的提供者需要付出相应的努力和耐心,这显然是其他参与方付出努力的重要前提。

这类长期投入的要素之一是政府参与创新的过程。尽管芬兰就业与经济部已经成立由部门常任秘书主持的全国战略指导小组,然而每个战略中心的主要战略指导由战略研究议程确定,即各中心股东对话谈判的结果。尽管项目的确定方式自上而下,但是每个中心都是独立的公司,在主题范围内拥有自由选择活动的权利。卓越中心是实体组织,通常只有数名员工,负责合作与管理事宜。单个项目首先要得到科技与创新战略中心董事会或委员会的批准,然后再申请研究资助。实际上,科技与创新战略中心采取自我管理的方式,在框架内可以相对自由地开展工作。

科技与创新战略中心展示了芬兰创新政策背后政策风格的主要特征和

治理特点，为积极创新、雄心勃勃的公司和研究机构（大学、研究所）提供合作平台。与此同时，科技与创新战略中心一直致力于推动和加快创新进程。通过提出并应用新创意、新工序和新产品创造竞争优势，而这些新创意、新工序和新产品需要具备经济、商务、社会、技术或组织方面的新特点。就产业部门和相关的学科而言，战略中心的定义方式也强调了产业集群跨部门的性质。最初采用这种类型的集群工具是为了打破传统的产业界限，在本质上成为跨学科或多学科的政策工具。

建立科技与创新战略中心的基本原理和需求

建立科技与创新战略中心旨在推进产业振兴与学术繁荣。战略中心揭示了芬兰如何通过创新政策解决长期以来的明显差距和失误。中心的目的在于提供科学方案解决产业问题，并且开展新型政策的实验。通常，上述两个过程基本相互独立，由不同的政策措施予以推动。

为了应对定期的政策评估工作，通常会采用新的政策工具。董事会成立的工作小组对科技与创新战略中心进行评估，该小组负责评估芬兰面临的全球化挑战以及潜在的应对方法，其应对方法与芬兰的创新政策相关。决策的出发点包括：意识到作为一个小国，必须慎重选择重心领域和投资领域；必须达到最高的国际质量标准才能够争夺最优秀的人才；而且从长远来看，所有的活动应当同时带来高级的专业技术和创新成果，最终也可用于商业用途。

这一新工具逐渐得到推广：科技与创新战略中心概念的出现与创新领域各种基于项目的政策工具的逐步发展相关。建立科技与创新战略中心的想法起源于 2004 年总理办公室起草的一份报告。报告强调在教育、科学成就、研究教学领域达到国际高标准，需要充分注重提高专业技术，打造中坚力量。报告指出，线性创新模式已经过时，需要根据当下集网络化与高度互动为一体的研发模式，制定全新的规则框架与主要规定；创新的概念更加广泛，不仅仅限于传统意义上的研发（参阅第 5 章）。

这篇报告的理想目标是在芬兰建立数个专业能力集群（专栏 6.5）。随后，另一份报告（2004 年）指出，芬兰需要打造更加具有国际影响力和吸引力的专业研究单位、研发集群和研究计划。下一步的目标是通过关于推动公共研究体系结构性发展的决议,2005 年 4 月芬兰政府通过该决议。同时,政府要求科学和技术政策委员会发挥带头作用,制定国家战略,打造并且巩固具有国际竞争力的科学技术集群和卓越中心。2006 年 6 月,政府在关于卓越中心(报告中所称)与国家基础设施发展潜力的报告中提出上述要求。因此便需要在专业技术领域建立科技与创新战略中心,这对于商业领域的未来以及整个芬兰社会的未来都至关重要。

—专栏 6.5

芬兰科技与创新战略中心选择标准

科技与创新战略中心主要针对国家的重要战略领域,以国家利益为准,坚持研究、开发与创新(RDI),开展产业活动,提高有望冲向世界前沿的高等教育和研究领域的专业化程度。科技与创新战略中心集群选择的产业几乎覆盖了所有的主要产业领域。科技与创新战略中心的五大选择标准具体如下:

第一,必须对社会与国民经济具有十分重要的潜在影响力,必须具备较大力度的研发投资。

第二,需要拥有充足关键的人力资源和财政资源。中心活动的财政预算总额每年必须达到 5 000 万至 1 亿欧元。

第三,必须围绕有关部门发展的核心应用建立中心。应用驱动型方法意味着中心开展的研究、开发和创新应当跨越各种界限,结合不同类型的专业技术和创新资源。

第四,中心的核心专业技术应当来自芬兰,每个中心都应该具备跻身世界最佳行列的潜力。中心需要拥有国际信誉和知名度,能够吸引最顶级的专家和最顶尖的公司。

第五,中心需要建立在与领域相关的主要公司、大学、研究机构、资助者和政府部门大力支持的基础上。

迄今为止的成果与经历

2012 年至 2013 年间，科技与创新战略中心的评估结果显示，科技与创新战略中心成功地为各自所属产业制定了战略议程，深化了利益相关者之间的研究合作。此外，利益相关者致力于科技与创新战略中心的发展并且对当前的整体运作表示满意，推动创新的工作也取得了初步效果。但是，其真正的影响难以评估，与研究议程的时间跨度相比，科技与创新战略中心的运作时间相对较短。

许多方面尚未达到期望高度，主要原因在于引导全新的工作与思维方式十分困难。关注的重点仍然在于科技与创新战略中心的整体功能及其提供附加价值的能力。这主要是由于部分目标互相排斥、互相矛盾。需要有更多可供选择的方法和机会。公司已经成功地融入科技与创新战略中心的运作，但学术界稍显不足。把芬兰科学院列入资助机构可能是实现更佳融合的方法之一。在推动卓越的研究成果并同时提供其应用价值方面，芬兰已经取得了重要进展，而上述举措可以进一步促进其目标的实现。

在芬兰创新运作模式中，由独立公司负责协调工作，芬兰就业与经济部(MEE)提供国家层面的指导，国家级别的科技与创新战略中心引导小组负责治理(仍然在治理结构内寻找自己的定位和具体功能)。这种运作模式也并非不存在问题。尽管科技与创新战略中心的自治和法律地位需要得到尊重，其自治和法律地位反映出股东们寻求利润最大化的心声，但是其高水平的公共资金也要求实行公共问责，承担相应的责任；指导模式和管理机构也需要关注这一外部因素。

科技与创新战略中心以产业和学术界的合作和共同利益为基础，促进具有国际竞争力的研究。然而明确和实现共同利益需要应对以下挑战：

• 关键挑战之一在于时间维度：股东期望公司在短期内获得盈利，而学术研究通常着眼于长期利益。

• 另一大挑战在于公开度。一方面，公司希望创造新知识供内部使用。公司用知识和价值增强竞争力程度的高低(与主要竞争对手相比，是不是会获得更多或更好的结果?)来衡量公开创新成果的需求,因此公司在本质上更封闭。(在充分利用之前不会将自己的创新成果对外共享。)另一方面,学术界注重同行之间的公开竞争和评价。

• 另一个不同点在于企业注重创新的市场属性,而学术界关注的是创新的工具属性。公司必定致力于推销具有市场需求和潜在价值的创新与产品(短期内),而学术界很少注重市场,更可能推进那些并不直接具有市场吸引力而是含有更多内在价值的创新。

• "蓝天研究"与应用研究之间也存在不同,这是产业与学术利益间一个潜在的利益冲突点。

总之,科技与创新战略中心等政策工具旨在执行政策,协调与结合各大行业、学科和研究领域,积极促进新思想、解决方案和实践的发展。基于网络制定的项目计划依赖于产业合作,在多数情况下,计划的成功取决于利用网络执行政策的能力。近年来,科技与创新战略中心已经成为行业标杆。总而言之,在产业部门和公共部门原有的合作关系基础上开辟一条新途径,将部分战略影响力转移至新建的科技与创新战略中心公司及其网络。然而,这种模式尚未能够解决产业实际应用和学术卓越研究成果之间的内在矛盾。

小结和关键信息

芬兰创新政策的贯彻模式以分散式为基础,尽管其财政资源相对而言是集中统一管理的(尤其是通过芬兰国家技术创新局统一调配)。对于地域多元化的国家而言,这种集中融资模式也许是最可行的方式,也可以确保从战略大局出发。

尽管由于资源日益稀缺,集中管理资源非常重要,而且有效性和高效率也是重要的考核标准,但芬兰显然也很重视多样性和创新来源的多元化。多种融资方式和创新来源可以为研究和创新社区注入新的活力,促进其多样性的发展。正因为此,不能过度精简政策贯彻流程。芬兰国家技术创新局和芬兰科学院采用不同的战略，而这也是正确的做法。但是保证最大限度地利用创新和专业知识的各种资源、积极开展对话和两者间的密切协作是必不可少的。

产业利益和学术利益二元对立的问题已经在很大程度上通过芬兰国家技术创新局和芬兰科学院的职责分工得到了解决，卓越中心和芬兰科技创新战略中心便是有力的例证。应该尝试通过实施项目以协调学术利益和产业利益。在这方面，芬兰科技创新战略中心进行了首次试验，两种融资方式、两种战略并存。这项工作仍然在进行当中，但是提供充足的财政激励因素以及向双方开放相关的治理结构可以帮助实现该目标。研究与创新委员会可以在这方面发挥关键作用。

芬兰政府干预经济的程度一向很高，尽管人们对此有所争议。主要的争议点是政府干预的本质和应对市场失灵时政府应该约束自己至何种程度，或者是否要扮演更为积极主动的角色，甚至是挑选成功者。在这方面可以以芬兰科技创新战略中心为例进行说明：显然其结构更具包容性，它赋予研发和创新（RDI）体系中全力投入的各参与者和各组织，从企业到研究组织决定成功与否的能力。

芬兰一些专家组织和政府公共机构的职能有所重叠交叉，是引发热烈争论的根源。尽管芬兰的系统远非完美，但是芬兰的经历提供了大量的经验教训和启示，尤其是在透明性需求、职责角色分工明确以及在贯彻落实（第六章）、规划引导（第五章）和监管评估（第七章）之间寻求平衡等方面。专栏 6.6 综述了第六章中的关键信息。

专栏 6.6

关键信息

芬兰政策贯彻模式的一个关键因素是在科学、研究、创新资金和政策实施中寻求平衡并保持平衡，具体体现为以下方面：①私人融资和公共投资；②研究机构的竞争性资金和基本资金；③自上而下（战略）和自下而上（自由放任式）融资；④融资和政策贯彻模式的集中式（国家）和分散（区域或省级）式。

- 在芬兰，与知识经济相关的政策制定和政策实施已经分离开来。政策落实工作已经交给专门的实施机构进行，它们具备丰富的专业经验，拥有一系列完备的工具。如此一来便分工明确，事实证明这是贯彻落实政策的有效途径，并可以确保实现各方面的政策目标。
- 芬兰科技创新战略中心这一实例值得探究，该机构尝试把大规模公私合作伙伴关系和强大的产业领导者结合起来，将强有力的战略优先等级和远大的科学抱负结合起来，将长期竞争力的发展和中长期产业的变革结合起来。

参考文献

Alahuhta，M. 2012. “Team Finland：Taloudellisten ulkosuhteiden verkosto [A Network of External Economic Relations].” Ministry for Foreign Affairs，Helsinki.

Eloranta，J. 2012. “Investointeja Suomeen：Ehdotus strategiaksi ja toimintaohjelmaksi Suomen houkuttelevuuden lisäämiseksi yritysten investointikohteena [Investments in Finland：A Proposal for a Strategy and Action Plan to Improve the Attractiveness of Finland for Foreign Investors].” Ministry of Employment and the Economy，Helsinki.

Känkänen，J.，P. Lindroos，and M. Myllylä. 2013. *Elinkeino-ja teollisuuspoliittinen linjaus*. Publication 5/2013. Helsinki：Ministry of Employment and the Economy.

MEE（Ministry of Employment and the Economy）. 2013. 21 *Paths to a Friction-Free Finland* [in Finnish]. MEE Publication 4/2013. Helsinki：Edita Publishing. http://www.tem.fi/files/35440/TEMjul_4_2013_

web.pdf.

Prime Minister's Office. 2004. *Strengthening Competence and Openness: Finland in the Global Economy*. Interim report, Helsinki.

Statistics Finland. 2013. "Valtio rahoittaa t&k-toimintaa 2 miljardilla eurolla vuonna 2013." http://tilastokeskus.fi/til/tkker/2013/tkker_2013_2013-02—27_tie_001_fi.html.

Veugelers, R., K. Aizinger, D. Breznitz, C. Edquist, G. Murray, G. Ottaviano, A. Hyytinen, A. Kangasharju, M. Ketokivi, T. Luukkonen, M. Maliranta, M. Maula, P. Okko, P. Rouvinen, M. Sotarauta, T. Tanayama, O. Toivanen, P. Ylä-Anttila. 2009. *Evaluation of the Finnish National Innovation System: Full Report*. Helsinki: Taloustieto, Helsinki University. http://www.tem.fi/files/24929/InnoEvalFi_FULL_Report_28_Oct_2009.pdf.

WEF(World Economic Forum). 2013. *The Global Competitiveness Report*, 2012-2013. Geneva: WEF.

第七章　监管和评估投资

卡勒·比拉宁

保证制定政策的有效性既需要政策本身重点突出，又需要高效地贯彻实施。在实践中，提高政策有效性的主要方式在于：系统性的监管和评估；政策制定者愿意借鉴自身和他人的经验教训并根据具体情况调整政策。另外，监管和评估对提高整个系统的透明性和合法性也至关重要。

总体而言，芬兰知识经济政策的有效性有目共睹，芬兰的系统性评估体制注重借鉴自身经验，进而作出改善。本章主要讨论系统评估背后的一些关键要素，为致力于提高公共投资透明度和有效性的发展中国家提供经验教训。

背后的原因：政策学习之监管和评估机制

政策学习的监测与评估机制即学习过去的经验，完善知识经济政策，评估公共投资的有效性。许多与知识经济发展相关的决策政治性很强（也就是说决策以价值判断为基础），要求政府监督和评估政策的成功情况，由此可以总结出采取的措施解决目标问题的有效性。因此，监测与评估旨在为决策提供实用性的即时知识，以便学习并借鉴过去的经验。

芬兰的评估实践

20 世纪 70 年代，随着新公共管理运动的兴起，芬兰开始实行政策评估，对政府机构以及政府任命的委员会（由政府官员、公务员和利益集团代表组成）开展的项目进行评估。

由于经济合作与发展组织（OECD）的影响力，评估在芬兰变得越来越普遍，而且任命了（独立的）调查员。20 世纪 80 年代与 90 年代之际，新公共管理运动迅速发展，开始流行聘用外部专家，为营造专业的评估文化做出了重要贡献。20 世纪 90 年代，芬兰开始向欧洲靠拢，并于 1995 年加入了欧盟（EU）。20 世纪 90 年代末，欧盟和欧盟委员会的影响力推动了芬兰项目评估的发展以及由签订合同的独立专业机构开展评估工作。在新世纪的第一个 10 年间，评估实践发展成熟，评估工作变得更频繁、更有序、更专业。

研究与创新委员会（RIC，前身为科学和技术政策委员会）针对评估工作提出了很多建议。该委员会表示，开展评估、影响力评价以及远期规划（前瞻）的责任事关创新系统的所有参与方，其中尤以公共资金组织或政策机构为主。研究与创新委员会的建议包括掌握评估与预测技术方面的知识，构建组织网络以巩固整个创新系统，同时为类似的私有和公有组织制定一致的激励机制。其中一项具体措施是制定公共研究、开发与创新激励措施的影响力分析指标。此外，评估结果和预测报告构成的知识库应足够丰富，为政策制定提供参考信息。研究与创新委员会认为，政策学习面对的主要挑战在于：评估和预测工作不成体系；不同组织采用不同的方法和标准；从干预到社会影响的因果链较为复杂（尤其是基础研究领域的投资评估）；缺少决策框架；职责不清；导致结果未能尽如人意（科学和技术政策委员会 2007a，2007b）。

评估维度与层级

数据是政策学习的重要基础，为监督经济发展和研究、开发与创新（RDI）的进步建立基准线。数据资料包括国内生产总值、附加值、生产率、公共部门和私营部门的 RDI 支出（政府的研发预算拨款或支出和企业的研发费用）、劳动力中少数的 RDI 人员或者理工科学生、资本和 RDI 投资、公开的专利和发明数量、待付的补贴总额以及科学指标，例如发行数量、影响力或者被引次数和教育数据，包括平均受教育年限以及工程师和自然科学专业人员的人口比例。芬兰统计局收集和管理上述数据资料，芬兰统计局是中央统计和人口普查的官方机构。

经济指标可用于监测经济的发展和政策的影响，而评估则提供关于特定政策工具的详细数据和评价。因此，芬兰创新系统以及包括独立的政策工具在内的政策组合均需要接受定期评估。表 7.1 以近期的评估为例，展示不同层级的评估。就系统与制度层面的评估而言，芬兰与其他许多国家不同。与其他国家相比，芬兰更常采用制度评估。如上所述，在芬兰的大背景下，评估工作具有深远的历史意义。在芬兰，由项目赞助商委托其他机构开展评估工作，但考虑到根本的利益冲突，我们并不推荐该方式。

表 7.1　芬兰知识经济不同层面的评估

层面	实　例
系统	系统评估通常与政策制定周期密切相关，例如，芬兰国家创新系统（Veugelers et al.，2009）的评估结果与国家创新战略的制定存在着密切的联系（Aho et al.，2008）。系统评估旨在评估战略的实际贯彻情况。系统评估由芬兰就业与经济部（MEE）委托，该部委负责完善创新系统。另外，也可能定期进行系统评估，例如芬兰科学院每半年开展一次科学研究评估，其评估工作由芬兰科学院和国际审查小组负责。其中芬兰科学院代表芬兰教育与文化部贯彻落实科学政策（Treudhardt and Nuutinen，2012）。
机构	机构评估与政策贯彻落实工作相关联，例如芬兰就业与经济部大约每 5 年委托独立机构对其制度、政策部门以及负责开展的大型项目进行评估，例如，芬兰国家技术创新局评估（Van der Veen）以及科学、技术、创新战略中心评估（Lahteenmaki-Smith et al.，2013）。此外，各机构与部门也会进行自我评估。芬兰国家技术创新局定期开展影响力评估，从宏观经济的角度使自身和芬兰就业与经济部了解其活动的影响力，与单个项目的评估结果相互补充。
项目	各机构和政策贯彻部门通常对其自身的项目进行评估。例如，芬兰国家技术创新局在贯彻落实每个项目（中期）的期间或后期（Raivio et al.，2012）都会对各项目进行评估。这些评估一般都是总结性的，主要关注活动和项目的进展以及结果。
项目专案	政策执行部门或项目管理部门可能会自行开展对大型或备受关注项目专案的评估，例如芬兰国家预测项目专案评估（Piirainen and Halme，2013）。有些情况下，资助条款或条件中会明确规定对上述项目专案进行（自我）评估，如欧盟的基金组织，包括欧洲区域发展基金和欧洲社会基金。

循证决策

政策学习与基于事实的决策或者循证决策密切相关(James and Lodge，2003;Parsons，2003)。在医疗卫生领域,循证决策最为普遍,也被称为循证临床实践和循证医学(可参见 Muir Gray，2004)。

循证决策和借鉴经验或政策转移的本质区别在于,“循证”一词意指政策和方案基于对事实和政策的精心考虑,通常经过科学验证,根据相关的科学证据,更好地预测和控制政策的效果、影响和外部效应。实际上,循证决策类似于成功地汲取经验或政策转移(Dolowitz and Marsh，2000)。此外,循证决策不会妨碍公众对政策目标与相关的价值判断进行民主讨论。在芬兰的大背景下,研究和创新委员会在 2007 年的声明中强调必须开展评估和预测,为政策制定提供支持。评估和影响力评价工作小组在报告中极力提倡循证决策(总理办公室,2011),其结论是大量的信息、评估结果和研究可供决策使用,但是这些信息和证据未能得到系统性的使用,并且未能满足政策制定的需求。工作小组推荐实行以欧盟决策模式为蓝本的理想模式,下一部分对该模式展开讨论。

多年前,芬兰以及其他欧洲福利国家面临着预算压力和经济萧条,循证呼声日益高涨,未来公共开支必须接受更严格的审查。为了应对近期的经济低迷现象,芬兰削减了所有预算(研究、开发和创新支出以及教育支出除外),但是鉴于近期公众针对科技创新战略中心评估展开的讨论,研究、开发和创新支出的合法性可能会受到质疑(可参阅《赫尔辛基新闻》,芬兰最大的报纸)。审查公共投资回报率的要求确实有可能推进循证决策。

芬兰政策制定的另外两大新趋势是政策试验和参与式政策制定。与政府前瞻性报告相关的国家项目的具体流程和内容充分体现了这两大趋势(见第五章的专栏 5.8)。预测流程的目的在于通过德尔菲调查、门户网站和一系列服务于流程主线的区域研讨会实现各界人士的广泛参与。另外,前瞻性报告以“政府作为推动者”为主题,其预测结果显示未来的公共行政会更加透明、更加开放。议会未来委员会提倡的政策试验也涉及全国性的预测流程

(Berg,2013)。政策试验是为了检验政策工具的原则或干预逻辑是否合理,在局部范围先行试点,然后收集关于结果和影响的证据,最后基于上述事实或证据决定是否投入大笔预算在全国范围内实施该政策工具。

评估以学习的基本设置

图 7.1 展示了与芬兰系统类似的政策制定和学习框架。议会按照政治程序提出问题,政府部门或政策机构拟订相应的政策、工具和干预措施解决议会提出的问题。政府政策经过政治程序得以通过之后进入实施阶段。在实施政策干预的过程之中或之后,需要对其进行监测、评估和学习,收集关于过程、结果和影响力的数据和事实,为进一步决策提供依据。

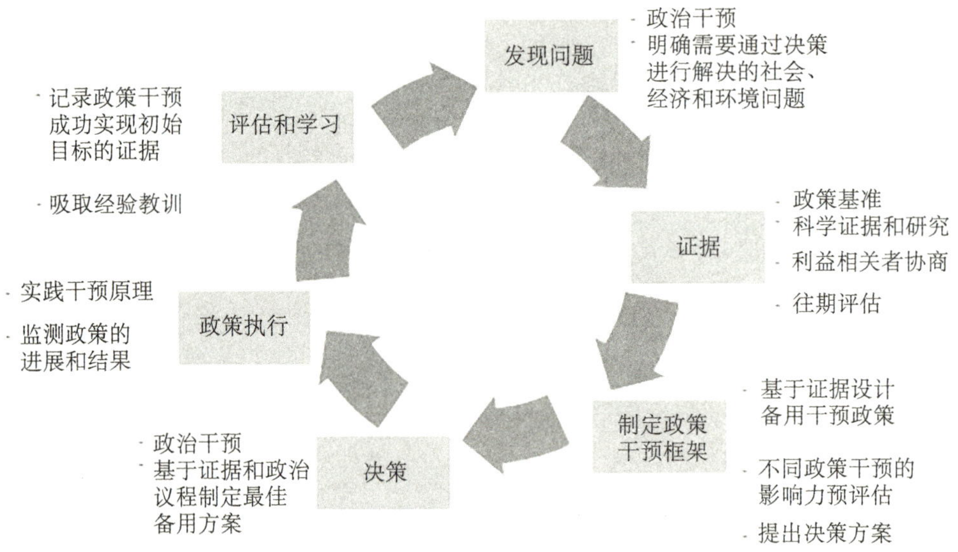

图 7.1　以欧盟委员会为蓝本的理想政策制定流程

资料来源:改编自 http://ec.europa.eu/digital-agenda/en/how-does-policy-making-30-differ-current-practices。

评估意味着通过仔细鉴定和研究决定某个事物的价值、意义或条件。就计划和政策而言，评估是指采用与政策或计划目标相关的标准，系统地评价干预的优点、价值和意义。监测与评估相关联，且可同时进行，即记录干预过程中的数据和事实。关于政策学习或评估，监测意指以特定指标的形式记录数据，衡量政策干预措施能否顺利实现目标。图 7.2 展示的是评估工作的基本逻辑：参照目标，学习并评价结果和影响。接下来详细讨论评估的关键概念：干预、评估标准和干预逻辑。

干预是目的性行为，旨在通过一系列活动解决特定问题。干预可以是具有目标和原理的政策、工具、计划或者单个项目。

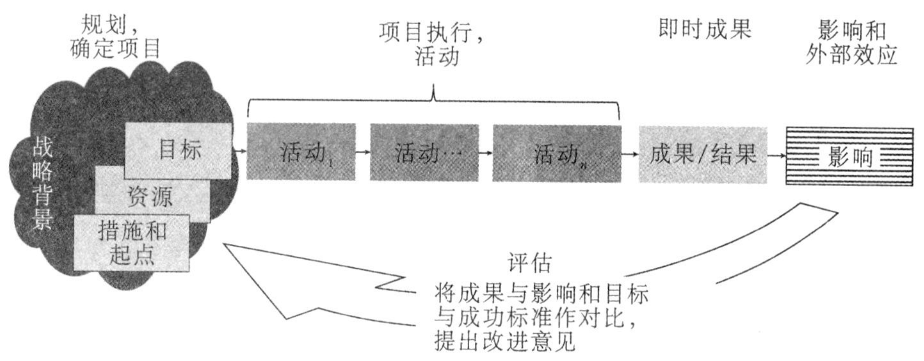

图 7.2　项目级别事后评估的基本逻辑

另一个关键概念是变革理论或干预逻辑，是有待评估的政策、工具、计划或项目的逻辑基础（Mason and Barnes，2007；Vogel，2012）。干预逻辑解释的问题是投入如何通过一系列活动转化为结果和影响。“变革理论”则意味着干预逻辑应建立在与待解决问题相关的研究和其他证据的基础上，这一点解释了有意开展的活动应如何助力于实现干预目标。评估标准也被称为尺度或指标，用于衡量干预的结果和影响。因此，干预的成功与否取决于这些指标的衡量结果，原则上是通过比较实际水平和预定水平，以确定干预措施是否成功。

评估也有助于吸取经验和教训。首先，这意味着评估问题和标准必须与政策相关；其次，这意味着制定的政策（工具）和计划应明确符合追求的（政治)目标(见图 7.3)。

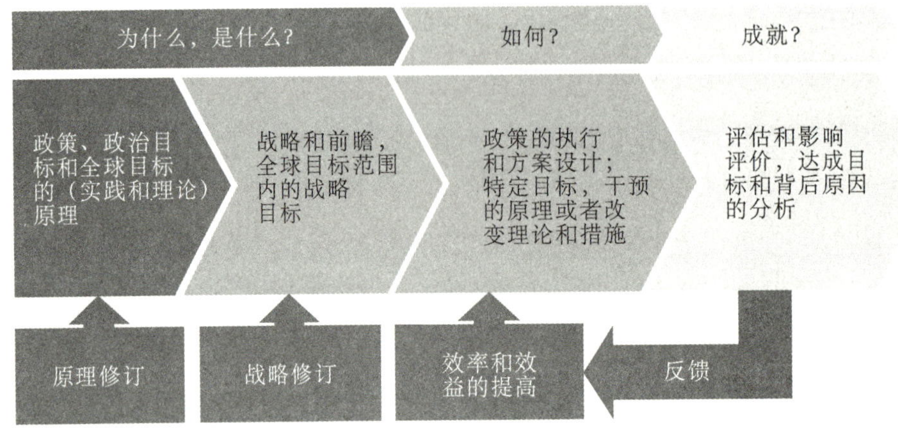

图 7.3 政治、政策和评估之间的关系

资料来源:洛伊卡宁(Loikkanen)和库廷拉赫蒂(Kutinlahti),2005。

系统层面的评估

在 2008 年和 2009 年间,以莱因霍尔德·威格勒斯教授(Reinhilde Veugelers)为首的大型国际工作组对芬兰的研究与创新系统进行了评估(Veugelers et al.,2009)。此次评估对芬兰整个创新系统进行调查,并针对整个系统和其运作(而不是个体功能和组织)提出解决方案和建议。此次评估的具体目标在于形成对于芬兰创新系统的独立观点。评估的任务包括明确当前和未来的挑战,评价体系的认知水平和应对能力,同时也要洞察体系、机构或政策的调整。

芬兰开展国际评估在很大程度上是为了响应 2008 年所发布的国家创新战略(参阅 Aho et al.,2008);其目标在于检验芬兰“传统创新系统”的实施情况及其针对新战略采取的应对措施。毕竟,自芬兰国家技术创新局(负责资助芬兰的技术发展和创新)于 20 世纪 80 年代初创立至今,芬兰研究和创新系统基本没有发生任何改变。近 30 年来,该系统运行顺利。然而,综合讨论的结果是芬兰已经进入了一个全新的创新时代,因此与创新配套的政策、组织和工具也应当作出相应的改变。

20世纪末，芬兰的研究和创新系统在数次国际评比中位居前列，成果突出。在欧洲创新记分牌中芬兰始终名列前茅，但是就各种科学、研究和创新指标而言，其排名开始下滑，引起了政策制定者的关注。当前的形势要求必须对该系统及其成果进行彻底和批判性的评估[更多关于国家创新战略和创新系统评估的背景信息请参阅逊斯托克（Schienstock）和哈马莱宁（Hamalainen），2001；乔治欧（Georghiou）等，2003。]

评估结果显示，芬兰研究与创新系统亟待改革。全新战略、大学改革以及研究与资助体系的一些调整正在改变芬兰创新和研究政策的方向。

总而言之，芬兰的研究与创新系统必须以满足未来需求为导向。这意味着精简系统和消除冗余。评估人员表示，芬兰机构期望进行改革，因此改革的前景良好。与此同时，为了确保改革顺利进行，必须特别注意各部门之间的合作和作用，尤其是教育部、就业与经济部以及财政部。就研究与创新领域的跨部门协作而言，政府机构和研究组织间的协作曾经一直比中央各部间的协作更容易，也更符合其内在规律。

评估工作组也强调需要加强跨部门协作和决策制定。改革过程中出现问题难以避免，以部门研究的改革为例（专栏7.1）。政府研究机构屡经改革，但收效甚微。（2013年中期，如何调整部门研究的讨论仍然在进行中。）为了解决这些问题，评估工作组建议更改芬兰研究和创新委员会的授权（参阅第5章）。

专栏7.1

芬兰国家创新系统评估

2008年，教育部和就业与经济部开展评估工作，将芬兰的国家创新系统与其他国家的系统进行对比。

2000年初，芬兰创新系统经历了一系列政策改变和结构改革。此次评估正是在此背景下展开的。改革内容包括促进高等教育机构的发展、实施国家创新政策、建立科技创新战略中心（参阅第6章）以及推动部门研究改革。

此次评估的目标在于“审视当前及未来面临的挑战，思考对此是否有充分认识，是否已经设法解决……并指出应该对机构和政策进行调整和改革，还应就政策治理与引导总结成败。”评估是针对整个系统而不是单独的参与方，尤其需要注意的是公共机构和政策是否“协助公私个体和机构进行创新并应用新创意”(Veugelers et al.，2009)。

在 EtlatietoOy(隶属于芬兰经济研究所 ETLA)的支持下，独立的工作小组负责开展此次评估。小组成员包括来自众多研究机构和大学的国际专家和国内专家。该工作组与两大部门进行合作，根据国家创新战略中列出的基本选择确定六大主题(参阅第 5 章)进行评估。之后再根据主题将小组划分成 6 个子工作组。每个子工作组以 1 位国际专家和 2 位芬兰国内专家为首(1 名学者和 1 名芬兰经济研究所的研究员)。子工作组提供独立观点、国际基准和专业技术，是评估结构的重要组成部分。子工作组完成工作总结后，总工作组再拟定总体结论和建议。

主要的评估工作得到了大量独立研究的支持。评估的主要方法是对 100 多位主要参与者和专家进行采访，对单独个体进行电子调查。听证委员会(由来自 5 个部门的 9 名代表组成)指导评估小组的工作，同时在维护小组团结方面发挥了重要作用。由 18 个成员组成的研究和支援团队协助评估小组开展工作。此次评估的预算总额约为 46.9 万欧元，目前为止是芬兰创新领域最大的评估项目。

评估结果记录在政策报告和完整报告中，政策报告是一份总结性的文件，主要供政策制定者审阅。对科技创新战略中心的评估也会采用类似的模式，同样会安排国际小组和支持团队开展评估工作。更多信息请参阅(Lahteenmaki-Smith et al.，2013)。

本案例的观察结论：

- 芬兰国家创新系统评估是系统层面的全面评估，对未来(系统层面)的政策选择具有重要意义。
- 众多专家和利益相关者(专家小组、听证委员会、支持团队)广泛参与此次评估，为类似的评估工作提供了参考范例。

机构层面和项目层面的评估

在具体操作中，就资金总额和项目数量而言，芬兰国家技术创新局是最大的政策执行机构，为评估工作提供了良好范例。第5章探讨芬兰国际技术创新局的前瞻性活动；本章我们重点讨论通过评估汲取经验教训。项目评估通常分为3个节点：中期、尾期和项目结束数年后（Tekes，2011）。芬兰国家技术创新局的中期评估或由签订合同的独立机构/公司实施，或（历史上）通过项目管理自我评估。其评估的受众包括参与项目的工作人员、项目管理人员和委员会。中期评估旨在强化管理、调整行动以及必要时建议采取其他适应措施。

芬兰国家技术创新局提供包括调查平台在内的评估工具集合，另可辅之以外部评估和案例研究。例如，Tuli项目（Kuusisto et al.）中期评估采用的方法便是调查问卷和案例研究，以衡量项目是否成功，是否合适，同时分析项目管理的成效如何。芬兰教育和经济部（Pelkonen et al.，2010）对专业技术中心进行中期评估，评估的重点领域是该计划与国家创新战略的契合度、能力产业集群的运营和生产力，以及区域专业技术中心的运营和生产力。

芬兰国家技术创新局战略评估部通常将芬兰国家技术创新局项目的最终评估委托给独立的机构/公司，和项目管理部门共同设计研究方案。竞标过程竞争激烈，投标人可以选择采用各自的方法回答评估问题。评估的目标是洞察项目活动和项目的实用性、有效性、参与满意度和最终成效，因此严格意义上而言，评估结果是对项目的总结。评估模式通常以参与者为导向，评估的目的是促进发展，而不是描述事实或者评断对错。因此，从本质上来说，评估机构采用的方法往往属于定性研究方法，包括文件分析、采访、专家评估、意向调查等，辅之以项目监测数据。

但是，评估报告通常不会以数量来衡量项目的影响，例如财务数据或者出版物的数量和影响。其中一大原因在于，一个项目需要经历相当长的时间跨度才能产生实际影响,同时难以将单个项目的影响与其他层出不穷的专案计划、行动举措、政府政策和未来趋势的影响区分开来。尽管如此,专业技术中心计划评估小组提出基于变化理论的评估框架,其框架描述的内容为项目应该如何影响国家创新系统。评估使用的数据来源于政策文件、往期评估结果和项目文件,同时收集与计划有关的核算数据和统计资料以及现场数据,例如采访、研讨会和满意度调查。

芬兰国家技术创新局除了单项评估其政策工具以外,还定期开展对其整体影响力的评估。所有的评估工作旨在审查芬兰国家技术创新局活动的长期经济影响力。专栏 7.2 展示了芬兰国家技术创新局战略信息部设计的 Tekes 影响力评估最新方案。成立指导小组引导评估工作,并加强评估小组、芬兰国家技术创新局管理层和重要利益相关者之间的对话。指导小组的成员包括芬兰国家技术创新局的局长、战略总监、就业与经济部的创新主管、芬兰国家技术创新局的高级责任顾问以及经济与创新政策领域的首席研究员。在指导小组的引导下,影响力评估结果会直接影响到芬兰国家技术创新局活动的规划、芬兰国家技术创新局的成果报告以及关于预算和目标的商议,商议双方为芬兰国家技术创新局和芬兰中央部委。

—专栏 7.2

芬兰国家技术创新局影响评估

芬兰就业与经济部和芬兰国家技术创新局商定共同监测 Tekes 的影响力、成果和目标实现情况,主要通过对以下目标领域进行影响力分析和研究:①生产力和产业振兴;②能力;③福利。研究的目的在于分析芬兰国家技术创新局是否已经实现预定目标和怎样实现其目标的。该评估的主要研究问题是:芬兰国家技术创新局的活动是如何提高芬兰的产业生产率以及实现产业振兴的?

详细的影响力和主要目标评估模型构成了概念分析框架的基础。该研究承担四大任务:①利用文献综述详细描述和贯彻影响力评估模型,分析不同背景下公共研究、开发和创新(RDI)资助的影响;②对政府补贴生产率的影响进行经济计量分析，分析方法为全要素生产率模式和差异中的差异估计法（存在限制条件的差异估计法）；③分析芬兰国家技术创新局对于特定目标群体的影响，同时辅之以案例研究，定量分析政府补贴对于公司发展的影响；④分析芬兰国家技术创新局战略的结果。更多信息可参阅维尔亚玛（Viljamaa）等（2013）。

本案例的观察结论：

- 系统性地严格评估 RDI 经费的有效性对于提高投资有效性、推动体系合法化和提高体系透明度至关重要。

借鉴国外优良实践成果

政策学习涵盖“政策转移”“汲取经验”和“评估工作”等含义。政策转移被定义为仿效并执行政策，包括其他背景下的制度结构、法律法规、政策启发或干预措施，往往源自其他国家或其他领域（Dolowitz and Marsh，2000）。政策转移既可能是因为受到胁迫（强制），也可能是出于自愿。自愿性“软”政策转移和强制性“硬”转移的另一区别在于：“软转移”的内容一般为宽泛的政治理念，自下而上进行；而“硬转移”的内容一般为具体实践、启发启示、政策工具等，往往是自上而下进行（Stone，1999）。汲取经验意味着搜集不同背景下的基准信息和证据资料，寻求最佳实践。

芬兰政策学习的主导模式是自愿性“软”转移，以汲取经验和基准管理为主，通常在计划和贯彻全新干预政策时应用。芬兰一般以其他小型、开放的知识和服务密集型经济体为参考基准，例如丹麦、荷兰和瑞士。

科技创新战略中心是遵循传统芬兰模式（参阅第 6 章）借鉴他国经验的另一范例。政府任命工作小组或委员会为组织科技创新战略中心活动准备相关提案。工作小组或委员会基于现场访问和文献研究分析科技创新战略中心的目标，为研究、开发和创新（RDI）战略项目和集群设定基准模型

(Karlqvist, Mahonen and Sarkio, 2006)。

芬兰就业与经济部(MEE)和芬兰国家研发基金(Sitra)开展的再生创新政策研究是国家层面基准设定的另一实例,与涉及更广的RDI政策行动计划的制定流程相关。这项研究以革新或振兴产业为目的,对不同欧洲国家的政策工具进行分析,其目标是为全新的政策工具寻找政策模式和理念。这项研究为芬兰就业与经济部和芬兰教育与文化部制定研究、开发和创新政策行动计划的流程提供参考资料,最终以芬兰研究和创新委员会(RIC)提案的形式呈现给政府(更多关于芬兰研究和创新委员会的信息,请参阅第5章的专栏5.4)。

视觉时代网(Vision ERA Net,欧洲研究领域网络,2005—2009)是创新政策领域最正式的学习渠道之一,是欧洲各国创新政策机构的协作网络,由欧盟第六研究与科技发展框架计划资助。另一个类似的例子是由欧盟第七研究与创新框架计划资助的GLOVAL项目(2009—2012),旨在鉴别并且共享良好实践,寻求欧洲各国共同问题的解决方案。该项目有助于加深对国家研究、开发和创新政策全球价值链内涵的理解。该项目调查不同的政策并探索这些政策是如何应对全球价值链挑战的,有助于在政策设计中找到应对价值链挑战的最佳实践。

经济合作与发展组织(OECD)的审查结果提供了非常重要的基准信息,例如开展的国际学生能力评估计划(PISA)、国家评论(Country Review)以及欧盟共同体创新调查或者"创新联盟记分牌"(Innovation Union Scoreboard)。近年来,芬兰的重心在某种程度上已经从经济合作与发展组织向欧盟偏移。其原因在于芬兰政府部门积极参与欧盟决策的过程,并且成为了交换意见和进行讨论的场所。参与欧盟决策和规划的芬兰官员常常以其他知识经济体为基准并从中汲取经验教训。就职于芬兰政府部委(尤其是芬兰就业与经济部以及芬兰教育和文化部)的顾问也常常外出访问经济合作与发展组织、欧盟委员会或者世界银行集团,然后再回到部委工作。上述"交流"通过实践汲取经验教训,但并不是官方的政策学习方式。

尽管政策学习十分有用,但也存在着明显的缺陷。就直接转移政策而言，不知情、不完整或者不适当均可能导致贯彻失败（Dolowitz and Marsh，2000；James and Lodge，2003）。在尚未理清国外政策工具为什么能够在其本国经济文化环境中充分发挥作用的情况下，便直接将其复制并付诸实施可能会造成误导，尤其是在国外创新系统的运作不同于国内时。因此，在借鉴经验教训时，如果不能充分理解干预逻辑、影响力分析、公认的环境或背景介质（也就是说不能充分理解落实政策工具背后的机制），那么政策转移很可能会产生完全不同于预期的结果。在文化环境、政策结构和经济发展阶段不同的国家之间进行政策转移尤其要面对上述挑战。

借鉴制度性策略

随着条件的不断变化和更多信息的汇集，反馈和灵活性对于政策学习和反应性十分重要。在机构制度和项目计划体系中增加反馈和学习环节是提高应对能力的有效方法。在芬兰，主要的机构制度学习流程与预算谈判和战略流程密切相关，正如芬兰国家技术创新局的案例。预算谈判为各机构提供财政框架和政治指导，而战略流程为其塑造未来愿景，规划长期目标，并制定相关战略以便在限定条件内予以实现。战略流程竭尽全力总结过去的经验教训，同时以开放的心态展望未来的目标。

其他有助于促进政策学习的结构要素是政策制定的流程和贯彻体系结构的基础。传统上政策制定的基本周期为：明确需要通过政策干预解决的问题、研究证据并与利益相关方协商、确定可能的干预措施并且分析贯彻情况（如图 7.1）。芬兰科技政策委员会（STPC，2007b）建议，在明确问题和制定干预措施时参考借鉴往期的政策评估结果和预测评估结果。总而言之，制定政策时既应学习过去的经验教训，也应展望未来（有关前瞻性活动见图 7.4；同时请参阅第 5 章）。

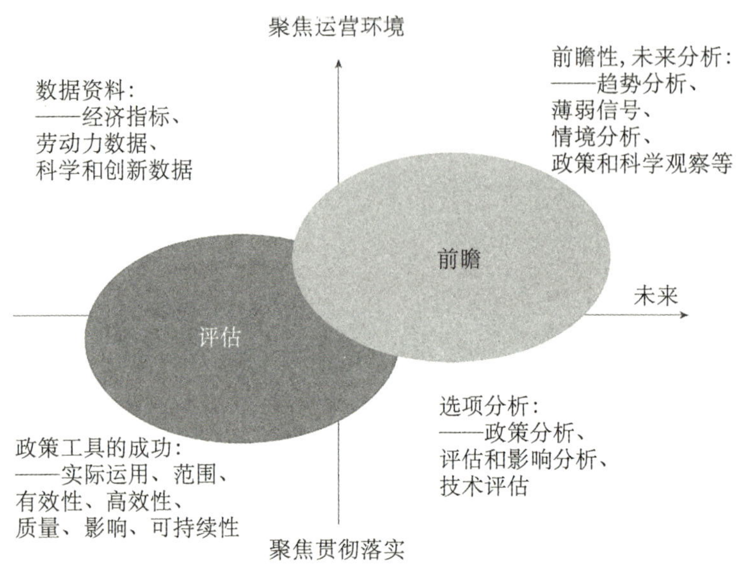

图 7.4 政策制定评估和展望

资料来源:芬兰科技政策委员会(STPC, 2007b)。

从政策制定和项目执行层面学到的第三点是必须明确职责、统一指挥以及建立监测系统[芬兰科技政策委员会(STPC),2007b;Lahteenmaki-Smith et al., 2013]。实际经验表明,汲取成功的历史经验有助于制定政策、政策工具和规划。对目标、方法和干预原理的共同理解可以为政策的落实打下坚实的基础。政策的"负责人"与执行者相互独立,前者时刻关注政策的后续发展。负责人应有权监测干预措施的进展,采取纠正措施,包括在既定预算范围内分配资源。责任制离不开以下方面的支持:共同制定和认可现实目标;妥善的措施、指标以及目标定位。政策的执行应遵循明确定义的干预逻辑或变革理论,同时应从执行前期至后期监测和记录相关指标,以进行纵向影响评估。但这并不意味着政策工具或计划在条件或信息发生改变时仍需保持一成不变,相反可以稍作调整,但是其调整必须具有一定的目的性并需要载入干预逻辑。

小结和关键信息

芬兰创新系统中的政策评估和学习机制非常合理。评估较为频繁且相对系统化，系统中的所有层级都要定期接受评估。然而，在芬兰社会内部正在进行一场大讨论，主题是评估文化和实践以及如何监测和评估政府支出，芬兰科技政策委员会(STPC，2007b)是这场大讨论的参与者之一，而且近期总理办公室(2011)也加入其中。工作小组得出如下结论：开展评估工作面临的挑战包括零碎的知识、不成体系的实践、无用的信息以及选择性的证据解读(Lehtola，2011)。另一方面是公共和政治讨论。与医疗卫生和福利政策相比，创新和知识经济政策引发的公共和政治辩论较少，因此相对而言可能会导致一些重大问题被忽略。

此外，除了直接转移政策模式，其他模式的政策学习存在更多潜在的缺陷。目前有实例记载“政策指引证据”的案例，而不是“证据指引政策”(Smith，Ebrahim and Frankel，2001；Marston and Watts，2003)。在“政策指引证据”的情况下，往往会先入为主地确定问题根源，决定应采取的应对措施以及升级至“最受欢迎”的行动计划，而造成的结果可能是选择性地筛选证据或先入为主地解读数据(例如，Lehtola，2011)。未将所有证据考虑在内可能会制定次优且无效的解决方案或者造成负面的外部影响。因此在汲取经验教训时，证据和政治议程或其他议程相互独立至关重要。

从更实际的层面来看，芬兰创新评估工作面临的主要技术挑战在于公共部门实体常常基于感知性数据对自身或者其制定的计划进行评估。芬兰创新系统方法论的相对短板和弱点也是由于规划阶段工作的不足：许多政策工具或干预措施根本没有明确的干预逻辑或者严格的衡量指标。例如，科技创新战略中心的近期评估(Lahteenmaki-Smith et al. 2013)和芬兰国家技术创新局的影响力评估结果(Viljamaa et al.，2013)显示，如果缺乏明确的干预逻辑、严格的绩效指标、清晰的界限或绩效目标以及系统性的绩效数据，将会对评估造成阻碍。此外,倘若没有预先制定和干预逻辑相关的衡量指标,缺乏对监测数据的系统收集,那么搜集评估数据的工作将会非常困难。造成的后果便是多数情况下严格的影响力评估需要花费大量的资金和时间,超出正常的承受范围。尽管在一些领域,结果导向型管理标准的适用性受到质疑,在这些领域中"创新"(带来意外结果)非常重要,创新带来的意外结果(学术上称之为"外部效应")也可以纳入评估范围内。此外,假定的积极外部效应不应被用来为模糊的目标、马虎的规划或不恰当的政策执行辩护。

只有真正富有洞察力和批判性的评估才有助于汲取经验教训,这一点在方法论的讨论中时常被忽略。批判性评估只会在开放和积极的文化氛围中繁荣发展,因为在这种文化氛围中人们会提出并接受建设性的批判建议,而不会将其视为私人攻击,同时"允许"冒险和偶尔的失败。倘若是在充满恶意的环境中,评估终将会演变为乏味地描述评估目标和愉快地叙述活动的成功之处。

总而言之,本章描述了芬兰创新系统内的政策学习和评估实例。政策学习是芬兰政策制定流程的组成部分,涵盖各个层面,从机构到个人。也许针对不同的机构和项目开展周期性评估是最重要的学习方式。

尽管芬兰的政策学习实践可能在理论上或技术层面上并不是尽善尽美,但是其系统和实践随着时间的推移在不断发展。芬兰政府从大局出发,发展国家统计学,对整个创新系统进行评估,所有这些工作为发展更复杂的监管和评估体系奠定了坚实的基础。此外,培养开放的评估文化需要一定的时间。以芬兰为例,评估工作在20世纪70年代缓慢起步,20世纪80年代和90年代得到普及,直到2010年初才实现制度化。通过调控工作组或参与式评估战略等方式可以促成良好的开端。

芬兰的政策制定主要通过汲取自身和其他国家的经验教训。如前文所述,芬兰汲取经验教训不仅体现在制度层面,还体现在直接制定基准线方面。设定基准线是芬兰政府干预经济的重要手段。例如,在芬兰科技创新战略中心项目的准备阶段,了解全球各地类似卓越中心的基准设置,相关信息非常全面,目的就是找到贯彻落实的最佳实践。在制定政策干预措施时,基准设定或经验借鉴已经变得非常重要。从部长级到私人层面,难以评估与众多国际组织开展交流合作的重要性。但是芬兰在这方面非常活跃,众多芬兰官员在任期间常常访问欧盟、经济合作与发展组织和联合国等国际组织,并参与欧盟的政策准备工作。

最后非常重要的经验启示体现在两个方面。其一,对制度、政策、工具和项目的公正评估具有潜在的价值,原因在于这可以向相关人员提供关于政策措施的反馈意见。此外,如果开展的评估工作公正而坦率并将评估结果公之于众,可以间接地提高政府的透明度。其二,将评估的机会加入政府政策结构中有利于政策学习。例如,可以在制度和机构管理中加入评估机制,可以将出访国际组织列为政府官员职业生涯的重要组成部分,而加入国际组织和委员会可以开辟新道路,进而在制定决策过程中重视新创意和反馈意见。

—专栏 7.3

关键信息

- 对知识经济及投资进程的监管和评估于政策学习而言具有重要意义。监管和评估可以提高透明性、公共投资的有效性和改善政府管理。
- 在芬兰,公共支出的所有领域均为系统监管和评估的对象。
- 建设开放评估文化的投资回报周期较长:如果评估做不到真正切实地有见地,做不到公开征集批评意见,那么便很难从经验中学习教训和启示。
- 收集和监控系统性的数据非常有益。全面而可信的基本数据是所有评估的基础。
- 将政策学习纳入政策结构中至关重要(例如,政府引导文件、关键业绩指标以及国际出访基准等)。
- 在总结经验教训时,相关证据和政治议程应分开阐述:政策学习、经验总结和评估旨在收集证据,即证实如何最好地实现政治目标和落实政治议程。
- 在项目或者其他行动计划开始之前,应事先认真规划评估和监管。缺乏明确的目标和与干预逻辑相关的指标,缺少对监管数据的系统收集,就会造成评价和影响评估成本高、效率低的不良后果,显然不利于项目的实施和举措的纠正工作。

参考文献

Aho, E., A. Brunila, J.-T. Erikson, P. Harjunen, R. Heikinheimo, S. Karjalainen, T. Kekkonen, P. Neittaanmäki, E. Ormala, P. Peltonen, K. Pöysti, M. Strengell, A. Stenros, J. Teperi, and H. Toivanen. 2008. "Kansallinen innovaatiostrategia [National Innovation Strategy]." Helsinki. http://www. tem. fi/files/19704/Kansallinen innovaatio strategia _12062008.pdf.

Berg, A. 2013. "Kokeilun Paikka! Suomi matkalla kohti kokeiluyhteiskuntaa [Time to Experiment! Finland on the Journey towards an Experimentation Society]." Parliament's Committee for the Future, Helsinki.

Dolowitz, D. P., and D. Marsh. 2000. "Learning from Abroad: The Role of Policy Transfer in Contemporary Policy Making." *Governance: An International Journal of Policy and Administration* 13(1): 5-24.

Georghiou, L., K. Smith, O. Toivanen, and P. Ylä-Anttila. 2003. *Evaluation of the Finnish Innovation Support System. Publication* 5/2003. Helsinki: Ministry of Trade and Industry. http://julkaisurekisteri.ktm.fi/ktm_jur/ktmjur.nsf/all/172616819C0174EC C2256D2B003CA685/ $ file/ju5teoeng.pdf.

James, O., and M. Lodge. 2003. "The Limitations of 'Policy Transfer' and 'Lesson Drawing' for Public Policy Research." *Political Studies Review* 1(2): 179-93.

Karlqvist, H., J. Mähönen, and J. Sarkio. 2006. *Osaamiskeskittymien hallintomallit [Governance Models for Centers of Expertise]*. Report to the steering group for centers of science, technology, and innovation, 2.

3.2006.

Kuusisto, J., S. Kotala, R. Kulmala, A. Viljamaa, and S. Vinni. 2004. *TULI-ohjelman väliarviointi*. Teknologiaohjelman raportti 8/2004. Helsinki: Tekes.

Lähteenmäki-Smith, K., K. Halme, T. Lemola, K. Piirainen, K. Viljamaa, K. Haila, A. Kotiranta, M. Hjelt, T. Raivio, W. Polt, M. Dinges, M. Ploder, S. Meyer, T. Luukkonen, and L. Georghiou. 2013. *Licence to SHOK? External Evaluation of the Strategic Centers for Science, Technology, and Innovation*. MEE Publication 1/2013. Helsinki: Ministry of Employment and the Economy.

Lehtola, J. 2011. *Politiikkatoimien vaikuttavuusarvioinnin kehittäminen: Huomioita pilottihankkeista* [*Developing Evaluation and Impact Assessment: Observations from Pilot Projects*]. Publication 2/2011. Helsinki: Prime Minister's Office.

Loikkanen, T., and P. Kutinlahti. 2005. "Towards Systemic Future-Oriented Innovation Policy Studies: Perspectives of Finnish Knowledge-Based Economy." Paper presented at the conference "Innovation Systems in the Knowledge-Based Society," LABEIN Tecnalia, Bilbao, September 22-23.

Marston, G., and R. Watts. 2003. "Tampering with the Evidence: A Critical Appraisal of Evidence-Based Policy Making." *Drawing Board: An Australian Review of Public Affairs* 3(3): 143-163.

Mason, P., and M. Barnes. 2007. "Constructing Theories of Change: Methods and Sources." Evaluation 13(2): 151-170.

Muir Gray, J. A. 2004. "Evidence-Based Policy Making Is about Taking Decisions Based on Evidence and the Needs and Values of the Population." *British Medical Journal* 329(7473): 988-989.

Parsons, W. 2003. "From Muddling Through to Muddling Up: Evidence-

Based Policy Making and the Modernisation of British Government." *Public Policy and Administration* 17(3)：43-60.

Pelkonen，A.，J. Konttinen，J. Oksanen，V. Valovirta，J. Leväsluoto，and P. Boekholt. 2010. *Osaamisklusterit alueiden voimien yhdistäjänä：Osaamiskeskusohjelman*（2007—2013）*väliarviointi*［*Competence Clusters as Channels to the Regions' Strengths：Interim Evaluation of the Center of Expertise Program*（2007—2013）］. Publication 44/2010. Helsinki：Ministry of Employment and the Economy. http://www.tem.fi/files/27402/ TEM_44_2010_netti.pdf.

Piirainen，K. A.，and K. Halme. 2013. *Tulevaisuusselonteon ennakointihankkeen arviointi：Loppuraportti*［*Evaluation of Government Foresight Project：Final Report*］. Helsinki：Valtioneuvoston kanslia，Sitra，Suomen Akatemia，and Tekes. http://vnk.fi/hankkeet / tulevaisuusselonteko/pdf/TUSE_ arviointiraportti.pdf.

Prime Minister's Office. 2011. *Poliittisen päätöksenteon tietopohjan parantaminen：tavoitteet todeksi；Politiikkatoimien vaikuttavuusarvioinnin kehittämistyöryhmän raportti*［*Improving the Evidence Base for Political Decision Making：Goals to Reality；Report of the Working Group on Developing Evaluation and Impact Assessment*］. Publication 8/2011. Helsinki：Prime Minister's Office.

Raivio，T.，J. Lunabba，E. Ryynänen，J. Timonen，M. Antikainen，and S. Lanér. 2012. *Software，Mobile Solutions，and Games Industry：Evaluation of Tekes-Related Programs*. Program Report 2/2012. Helsinki：Tekes. http://www.tekes.fi/u/Software_mobile _ solutions.pdf.

Schienstock，G.，and T. Hämäläinen. 2001. *Transformation of the Finnish Innovation System：A Network Approach*. Sitra Report Series 7. Helsinki：Hakapaino Oy. http://www.sitra.fi/julkaisut/raportti7.pdf.

Smith，G. D.，S. Ebrahim，and S. Frankel. 2001. "How Policy Informs the

Evidence." *British Medical Journal* 322(7280): 184-185.

Stone, D. 1999. "Learning Lessons and Transferring Policy across Time, Space, and Disciplines." *Politics* 19(1): 51-59.

STPC (Science and Technology Policy Council). 2007a. "Tiede-ja teknologianeuvoston kannanotto vaikuttavuuden arvioinnin ja ennakoinnin kehittämisestä" [Council Statement on Development of Evaluation, Impact Assessment, and Foresight]. Background memorandum for the Council Statement on Development of Evaluation and Foresight, August 24.

——2007b. "Vaikuttavuuden arviointi ja ennakointi [Evaluation, Impact Assessment, and Foresight]." Background memorandum for the Council Statement on Development of Evaluation and Foresight, August 17.

Tekes (Funding Agency for Technology and Innovation). 2011. "Tekes: Programs; How Programs Are Evaluated? [in Finnish]." Tekes, Helsinki. http://www.tekes.fi/fi/community/Miten_arvioidaan/519/Miten_arvioidaan/1392.

Treudhardt, L., and L. Nuutinen, eds. 2012. *The State of Scientific Research in Finland*, 2012. Publication 7/12. Helsinki: Academy of Finland.

Van der Veen, G., E. Arnold, P. Boekholt, J. Deutuen, A. Horveth, P. Stern, and J. Stroyan. 2012. *Evaluation of Tekes: Final Report*. Publication 22/2012. Helsinki: Ministry of Employment and the Economy. http://www.tem.fi/files/33176/TEMjul_22_2012_web.pdf.

Veugelers, R., K. Aizinger, D. Breznitz, C. Edquist, G. Murray, G. Ottaviano, A. Hyytinen, A. Kangasharju, M. Ketokivi, T. Luukkonen, M. Maliranta, M. Maula, P. Okko, P. Rouvinen, M. Sotarauta, T. Tanayama, O. Toivanen, P. Ylä-Anttila. 2009. *Evaluation of the Finnish National Innovation System: Full Report*. Helsinki: Taloustieto, Helsinki University. http://www.tem.fi/files/24929/InnoEvalFi_FULL

_Report_28_Oct_2009.pdf

.Viljamaa, K., K. Piirainen, A. Kotiranta, H. Karhunen, and J. Huovari. 2013. "Impact of Tekes Activities on Productivity and Renewal." Tekes, Helsinki. http://www. tekes. fi / Global/Nyt/Uutiset/Productivity%20and%20renewal%202013.pdf.

Vogel, I. 2012. "ESPA Guide to Working with Theory of Change for Research Projects." LTS International and ITAD, Edinburgh.

第八章 知识经济和全球化

汉内斯·托伊瓦宁

近10年来，企业、技术和创新越来越全球化，推动着全球化知识经济的发展。全球化知识经济的发展正在改变发达经济体以及新兴和发展中经济体的传统角色。但是，并非所有的创新都来自发达经济体，新兴和发展中经济体也不仅仅是资源的源泉。发达经济体与新兴和发展中经济体已经成为真正的协作和知识共享伙伴。

本章着重论述新全球化，探索芬兰创新系统如何应对新全球化带来的挑战。新全球化强调需要开展国内和国际的新型协作。

背后的原因：新一轮创新全球化

21世纪初，全球经济系统发生了彻底的改变，发展中国家经济高速增长，发达国家经济停滞并且面临着严峻的财政问题；两类国家间的关系无可避免地开始发生变化。这场持续的全球性转变主要体现在创新过程、网络和系统的本质、重心、动力和布局的深层变革，促使当前的创新领导者（如芬兰）重新考虑其发展战略和方式。

以下两种现象促使发展中国家和创新领导者建立新型的创新合作机制。其一，人们认识到创新对发展而言至关重要，并且创新系统指导框架能够帮助最不发达国家获得广泛发展。尽管创新对于发展而言一直非常重要，然而采用系统性的创新方式却是新事物(Lundvall ct al.,2009)。其二，全新亲贫经营模式的出现改变了对待低收入国家和人民的方式，如今低收入群体的全球市场潜力日益提升。亲贫框架的构建也表明创新和经营模式可以并应该满足穷人的需求(Prahalad，2010)。以上现象说明，以国外生产或打造高科技创新网络为主的国际化战略已被淘汰。政治、组织、战略和实践方面的挑战也随之而来，尤其是对传统的创新领导者而言。

“新一轮全球化”这一术语正式承认了新兴和发展中国家在国际事务、经济、文化和创新中发挥着日益重要的作用。冷战结束后的全球化以发达国家将生产转移至发展中国家、金融自由化和一体化为主要特征，与新一轮全球化形成鲜明对比。冷战结束后的全球化通常被认为是发达国家全球主导地位的投射。

尽管难以用单一的缘由解释新一轮全球化，但其本质上是发展中国家从全球化客体向参与主体的转变。发展中国家和新兴经济体积极主动的参与和日益重要的作用正在改变全球化的进程，促使许多发达国家重新审视其全球化战略和方法。

金砖五国(BRICS：巴西、俄罗斯、印度、中国和南非)以及其他发展中国家的崛起伴随着一系列的现象，对发展中和发达国家以及双方之间的相互交流产生了广泛影响。因此，重新定位全球经济增长极、采纳低收入市场(金字塔底层，BOP)经营模式、深入认识创新及其对发展的作用，对于重塑发展中国家创新系统与发达国家创新系统之间的关系至关重要。

全球经济增长来源的转变

随着发展中国家和新兴经济体日益成为经济增长的主要来源，许多富裕国家陷入经济停滞和财政赤字的困境中，全球经济系统正在走向多极化，这一点毋庸置疑。世界银行(2011)指出，“到 2025 年，巴西、中国、印度、印度尼西亚、韩国和俄罗斯，这六大主要新兴经济体将会占据全球增长的 1/2 以上。”世界银行的这一报告结果证实了全球经济系统向多极化的转变。同样地，经济合作与发展组织(OECD，2012)在其近期的全球经济增长中长期前景分析中得出如下结论:“当前非经济合作与发展组织国家的发展主要依靠多种生产力因素的驱动,其发展速度将持续超过经济合作与发展组织国家,但是未来数10年内这一差距可能会大幅缩小。”

全球经济系统正在发生转变,其核心在于整个发展中国家的显著进步,而不仅仅是金砖国家。实际上,2013年联合国人类发展报告《南方的崛起》指出,1990年至2012年,130个国家对改善其人类发展状况进行了追踪调查,南方(指发展中国家)40多个国家的进步尤为迅速,1990年相关人员对这40多个国家以及与其具有同等人类发展指数(HDI)的国家设定预期目标,事实表明,上述40多个国家的人类发展指数(HDI)的提高幅度远远高于预期(联合国,2013年12月)。

尽管目前正在发生的转变很大程度上在重新构建全球系统,但其中最引人关注的是发展中国家的未来。建立多极化的世界经济系统将催生两大趋势:一方面,多极化的全球经济系统将会激发新兴经济体和发展中国家之间的知识外溢,有助于发展中国家农业和制造业的发展;另一方面,多极化的全球经济系统意味着全球一体化不断增强,为发展中国家带来更多的风险和挑战,而发展中国家目前在构建切实可行的全球协作网络方面已经面临重重困难(世界银行,2011,9-10)。但是,发展中国家已经从融入全球系统中受益匪浅。在分析全球南方国家减少贫困人口的成效高于以往的原因时,《2013年人类发展报告》指出,“过去20年中,几乎所有人类发展指数获得明显提升的国家,与世界经济的融合度也在不断上升。”(联合国,2013,74)

在此背景下,发展中国家需要制定明智的全球化战略,即进一步融入全球网络,有选择地增强内在竞争优势。就这一点而言,发展中国家已经在过去10年内获得另一大竞争优势:产品和服务的低收入市场发展迅速。随着贫困现象得到缓解,其中一部分贫穷人口首次跨入中产阶层,发展中国家的消费人口形成世界上增长最快的市场之一。针对该群体的特殊需求和结构,一种全新的经营和创新方式应运而生。因此就创新而言,发展中和发达国家创新主体相互协作共同创造,为全球化网络提供了一些最具潜力的机会,而不再是传统的南北单向合作。

国际化政策

尽管参与创新系统的公共部门和私营部门联系紧密,但是二者走向国际化的指导逻辑和原则存在差异。21 世纪初以来,芬兰政策制定者力图制定可以消除上述差异的政策和工具。自 2000 年开始,芬兰科技政策委员会(STPC)(2009 年改名为芬兰研究和创新委员会)就把国际化作为定期评估芬兰创新政策和未来展望的重点主题之一。在 2013 年的审查报告中,该委员会明确指出国际化面临的双重挑战:“一方面,芬兰系统必须具备竞争力……另一方面,芬兰国内各参与主体必须能够进入开放市场并且对其加以利用”(芬兰科技政策委员会, 2003,15)。另外,该委员会提出创新系统在芬兰整体国际化战略中处于核心地位,需要制定公共政策以加快芬兰的全球化进程,积极鼓励私营部门开展国际化活动。

在 20 世纪 90 年代和 21 世纪初期,芬兰为实现国际化做出了种种努力,包括试图与欧洲新兴的研究系统相结合,以及加强和美国创新中心的联系。但是从 21 世纪初开始,随着“全球化”和“新兴经济体”的概念开始在公共政策中广泛传播,芬兰的重心开始发生转变。该转变的一个重要推动力来自总理办公室(2004)开展的一系列研究,研究主题是全球化及其对芬兰竞争力的影响。

这一系列的研究记录了全球化如何从根本上改变芬兰的经济基础,包括新兴经济体的崛起如何改变全球市场和需求,以及全球化如何改变芬兰传统出口产业的业务经营和收益模式。研究得出的结论是创新和创新政策应成为芬兰全球化工作的中心,尤其是与新兴经济体相关的创新政策。芬兰信息和通信技术(ICT)公司以及机械设备公司为了进入亚洲(尤其是中国)市场并建立活跃的研发(R&D)基地做出的种种努力进一步证实了上述结论(Ali-Yrkko and Palmberg, 2006)。

芬兰科技政策委员会在随后的政策审查报告和建议中再次重申该主题。2006 年度审查报告提出,要提高芬兰在新兴市场中的影响力,尤其是在中国、俄罗斯、印度和新的欧盟成员国中,并指出芬兰已经在上述国家开展了一些活动，例如中国的芬兰创新中心和教育部的亚洲行动计划(STPC，2006,31)。未来数年内，芬兰科技政策委员会将继续扩大和加强国际化战略，同时更加关注新兴经济体。

芬兰研究和创新委员会在2011—2015年的研究和创新政策指导中提出，芬兰需要制定国家层面的国际化战略，在巴西、中国、印度以及其他非洲、亚洲和南美洲经济体不断崛起的情况下，需要识别出推动全球化的关键变革。该委员会提出要进一步强化网络建设，加强与新兴经济体创新中心的联系。实际上，在芬兰创新系统的国际层面上，发展中国家和新兴经济体过去一直处于边缘化的位置，但是近年来芬兰的关注点和活动计划发生了重大转变。一些政府部门、机构、大学和公司开始积极探索上述区域对于芬兰发展的意义。

切实贯彻芬兰的国际化战略，涉及地理方位、政策工具和跨部门协作，关于上述内容的高级别政策评估和指导发挥着非常重要的作用。总理办公室和由总理担任主席的芬兰研究和创新委员会致力于把政策观点并入更广泛的芬兰全球化行动框架。行动框架的核心是公共部门全球化和私营部门全球化之间的区别，政策的目标也非常明确，即促进公司的国际化。芬兰中央各部委和各机构在其工作中也体现出明确的劳动分工或者目标分工，并为实现芬兰国际化制定切实可行的政策工具和项目计划。

新一轮全球化和新协作形式

新一轮全球化已经涉足发展政策领域，对其根本目标和运作模式产生了重大影响。本节着眼于全球化给芬兰创新和发展政策带来的机遇和挑战，对近期开展的活动进行评述。

“探索”新兴经济体和发展中国家

在芬兰创新系统的国际化战略中，发展中国家和新兴经济体的崛起已经引发了一连串的变化，组织和战略方面的转变仍在继续。这在一定程度上反映出发展中国家和新兴经济体是后危机时代全球经济增长的主要来源，已经得到国际社会的普遍认可。此外，也反映出发展中国家和新兴经济体与芬兰在研发方面的关系已经逐渐成熟。2009 年，芬兰创新系统评估报告指出，"市场地理中心快速向发展中国家偏移"，这应该促使芬兰超越历史上的国际化战略，更有效地加强与新兴经济体和发展中国家之间的联系（Aiginger，Okko and Yla-Anttila，2009，131）。

然而，由于芬兰国际化战略和贯彻组织机构的建立初衷截然不同，因此芬兰也面临着种种挑战。尽管芬兰很多大型公司积极构建创新网络，尤其是在中国和亚洲其他地区，但是芬兰已然成为后来者，起步较晚。尽管芬兰近期已经采取行动，但是与非洲或者巴西的国际化研究协作网络相比，芬兰与全球其他地区的交流环节依然薄弱（Toivanen and Ponomariov，2011）。从创新政策和系统发展的角度来看，芬兰现在才真正开始与发展中国家和新兴经济体建立实质性的协作关系。

就国际层面而言，芬兰创新系统总能够根据其国内的发展阶段和更广阔的国际环境作出相应的调整，因此，芬兰创新系统历经连续的发展阶段，其中有所交叉重叠。自 20 世纪 80 年代中期起，芬兰与欧洲主要的研发项目和组织机构建立合作关系，标志着芬兰开始走向国际化并且一直持续至今。1985 年，芬兰加入欧洲经济共同体开展的产业研发合作项目——尤里卡（Eureka）计划，不久之后签订欧洲研究合作框架协议，并成为欧洲粒子物理实验室的成员，标志着芬兰明确向新兴的欧洲创新系统靠拢。1992 年，芬兰加入欧盟，又进一步增强了这一倾向。

上述发展促使芬兰融入欧洲研究和创新系统，为其国家创新系统奠定基础，而后来的选择和战略通过更加实用的方式实现科学、技术和创新（STI）的国际化。随着重大问题陆续得到解决，政策制定者和产业领导者对国际活动进行评估，其评估的目标是完善国家创新系统，增强国家经济竞争力，以及提高芬兰在全球创新格局中的话语权，包括改善与发展中国家和新兴经济体之间的关系。

芬兰创新系统内部协作新方式

约自2010年起，芬兰便开始致力于重新定位其创新系统，力图在新兴经济体和发展中国家这两大全球增长市场中获得更好的发展。尽管芬兰的国际化战略框架呈伞型，但是其公共创新系统内的不同参与方和组织机构依然会制定各自的战略和活动。相当长一段时间以前，芬兰很多部委曾建立专门的国际化机构、单位部门或工作小组。但是由于芬兰国际化战略的本质发生了改变，上述做法造成了很多历史遗留问题。各种各样的活动反映出各组织机构不同的关注点和能力。因此，芬兰组织机构的专业化和专门化水平较高，其中一些组织更加重视新兴经济体和发展中国家。

芬兰外交部、教育与文化部以及就业与经济部共同负责实现芬兰创新系统的国际化。为国际化提供资金和建立配套基础设施的主要政府机构包括：芬兰国家技术创新局；芬兰科学院；芬兰贸易、国际化和投资促进总署(Finpro)；芬兰技术研究中心和芬兰国家研发基金。其他的公共部门还包括：综合性大学、理工学院、区域发展协会以及科技创新战略中心。

近年来，上述部门和机构已经认识到促进中小企业实现国际化的必要性以及高等教育、研究、创新和贸易之间的共同利益。实际上，许多组织机构正在新兴经济体和发展中国家内开展国际活动。在过去数年中，为了加强协调与合作，这些组织机构甚至还成立了政府工作小组并发起倡议活动。其中最为重要的可能是芬兰工作组(Team Finland)，这是由芬兰就业与经济部、外交部和教育与文化部共同建立的网络，旨在发展对外经济关系，促进公司的国际化，等等(见专栏8.1)。尽管该网络尚未成形，但将来会充分发挥其协调作用，像把大伞撑起不同类型的活动，包括发展中国家的创新全球化。

——专栏8.1

芬兰工作组和芬兰政府机构FinNode

芬兰工作组协调各类公共资助活动，4个主要目标分别为：支持企业实现国际化，改变外部环境，促进外商直接投资，以及推广芬兰民族品牌。

政府部门与私营部门开展项目合作。政府层面的参与方包括三大部门:芬兰就业与经济部、外交部和教育与文化部,以及各自在芬兰和国外的公共资助机构。在国外,70 多个团队构成芬兰工作组的网络。公共资助机构是该网络的核心,但是与企业和大学之间的合作也十分重要。

建立 FinNode 创新中心网络(近期重组并且改名为芬兰未来展望工作组,由芬兰国家技术创新局管理)是芬兰实现创新系统全球化的一个重要举措,是总理办公室开展全球化研究的直接成果。FinNode 网络负责为芬兰参与方开放市场和创新系统、吸引外国人、传播芬兰创新系统的相关信息等工作。

FinNode 创新中心网络成立于 2005 年,由主要的政府创新机构(包括芬兰国家技术创新局、芬兰贸易、国际化和投资促进总署、芬兰技术研究中心、芬兰国家研发基金和芬兰科学院)联合创办,在其第一个中心即中国上海举办开幕式。其他中心还包括印度、日本、韩国、俄罗斯和美国。除了官方资助机构以外,该网络还依赖于大量的国内和全球利益相关主体,包括芬兰工业联合会(the Confederation of Finnish Industries)、科技战略中心、综合性大学、理工院校、区域发展公司和专业协会。

FinNode 创新中心网络致力于探索实现国际化的新方法,避免造成潜在的组织遗留问题。每个创新中心均高度重视创新和中小型公司,尤其注重与研究团体和创新型企业进行合作。尽管该网络获得了一定程度的成功,并曾讨论向巴西的扩张计划,但由于近期的经济压力而未能实现。

位于印度新德里的 FinNode 机构旨在为印度和芬兰的创新社区架起桥梁,包括大学、研究机构、大型公司、初创公司、协作中心、终端用户和消费者。其关注的主要领域为清洁技术(可再生能源和洁净水源)、教育和学习、医疗保健和社会福利以及金字塔底层市场。该中心为约 100 家活跃于印度的芬兰公司以及有意在芬兰发展的印度公司提供服务。芬兰—印度的研究合作程度和水平虽然相对较低,却是该中心活动和焦点的重要组成部分。更多信息请访问芬兰未来展望工作组(Team Finland Future Watch)网站。(http://www.tekes.fi/ohjelmat-ja-palvelut/kasva-ja-kansainvalisty/team-finland-future-watch/)

金字塔底层市场

“金字塔底层”的概念是由普拉哈拉德在其经典著作《金字塔底层》中提出来的，其前提是全球约 40 亿至 50 亿的贫穷人口享受不到或者未能充分享受大型私营部门的服务(Prahalad, 2010,6)。金字塔底层(BOP)经营模式框架试图通过激发私营部门的盈利动机改善上述消费群体的生活；正如普拉哈拉德所言：“我们的目标应是借助独立自主的市场导向型系统，培养人们摆脱贫困和剥削的能力。”(Prahalad, 2010,8)

21 世纪初，金字塔底层经营模式和小额信贷等手段彻底改变了扶贫方法和低收入市场的利用方法。由于私营部门和“相互交织”的利益是发展合作和全球减贫工作长久以来的痛处，金字塔底层经营模式为重新定义私营部门的作用和意义提供了助力，而其新定位便是工作效率高于政府，也许更重要的是解决援助依赖问题。当然，这也需要私营部门采用完全不同的方法和经营模式。

金字塔底层经营模式已经在全球范围内加强了对低收入市场及其全球重要性的探索力度。成功的金字塔底层企业和众多著名的成功案例已不仅仅限于承担企业社会责任和捐赠资助示范项目，而是已经向更广更高的层次发展。此外，成功的金字塔底层公司和很多著名实例，例如移动钱包(M-Pesa)(Foster and Heeks, 2013)和塔塔纳米汽车(Tata's Nano car)(Wells, 2013)，证实低收入市场的全球商业潜力非常大(其他成功案例，请参阅 Hart, 2010；Prahalad, 2010)。上述公司和其他公司的成功案例激励着世界各地的企业应致力于开发技术、产品和服务，并将其引入金字塔底层市场。

尽管金字塔底层市场非常具有吸引力，但是要进入其中仍然存在一些障碍。首先，全球金字塔底层部门庞大且复杂，无法给出统一的定义。正如普拉哈拉德(Prahalad, 2010)所言，“对于想要抓住这次机会的人来说，并没有可用的金字塔底层统一定义。”全球各地的金字塔底层市场呈现高度多样化和差异化的特点，对实现跨国经营模式的扩张造成了阻碍。另一关键障碍是未能充分了解多元化的金字塔底层市场及其主要组成部分。

除了上述障碍之外,在由发展中国家和发达国家组成的网络环境中,更深入地了解其监管、金融、基础设施、全球金字塔底层市场的多元化尤为重要(Ramani, Sadre and Geert, 2012)。成功的金字塔底层案例通常涉及以下方面:对当地文化和社会制度的灵敏感知;通过中介机构得以实现,中介机构负责把用户和消费者的反馈传达至开发商,同时借助社会媒介、培训或其他形式的能力建设在用户群体中介绍和推广新服务和新产品。例如,拉马尼(Ramani)、苏德列(Sadre)和吉尔特(Geert)(2012)以印度低收入市场的一个案例为基础描述了全面的产前和产后培训以及实践能力,其案例为印度卫生企业家在印度的金字塔底层市场内推广便捷环保的公厕。

鉴于金字塔底层市场技术、产品和服务的成功发展,有必要深刻了解发展中国家市场的结构特征以及影响消费者购买创新产品和服务的多种社会文化因素。

最近,芬兰外交部和就业与经济部联合成立发展特别小组,探索促进芬兰组织机构和发展中国家组织机构共同创新和商业合作的可能性,同时致力于提高芬兰国内其他项目间的协调性(专栏 8.2)。该特别小组积极发动利益相关方广泛参与资助活动和其他服务,包括以下领域的参与者:公共机构、企业、非政府组织(NGOs)、研究机构和大学。特别小组的工作成果公布于 2013 年 12 月。该小组曾经提议在发展中国家建立一个新项目和资助机构,助力于发展中国家的创新和企业发展。

专栏 8.2

推进金字塔底层企业发展

新一轮全球化中较有影响力的领域是金字塔底层经营模式,特别适用于中小型企业(SMEs)。该模式孕育出数量众多的新公司,而大型公司负责承担芬兰全球化的大部分工作(Halme and Lehtonen, 2012)。

具体而言,芬兰国家技术创新局一直在为如下方面的研究提供资助:金字塔底层商业、发展中国家市场和协作模式的发展潜力。阿尔托大学(Aalto University)和芬兰技术研究中心(VTT)开展了一系列研究项目,旨在探索金字塔底层市场的性质、全球创新格局的结构性调整以及发展中国家和新兴国家创新系统的性质。此外，芬兰国家技术创新局将非洲、巴西和印度纳入其项目之中，利用信息和通信技术、医疗器械和生物能源计划在上述国家开展活动。为推动芬兰的国际化进程，芬兰国家技术创新局发起了“律动 Groove”可再生能源发展项目。此外，该项目还为芬兰相关人员提供丰富的数据和资料，其内容是关于在非洲、亚洲和拉丁美洲发展商务和创新的可能性，包括构建由芬兰小型公司与非洲小型公司构成的网络等目标明确的项目。更多信息请访问芬兰国家技术创新局 Groove 网站(http://www.tekes.fi/ohjelmat/Groove/Aineistot)。

此外，芬兰贸易、国际化和投资促进总署(Finpro)也启动了多个项目，旨在探索发展中国家以及金字塔底层的商业发展和创新机会。总署于 2010 至 2011 年间发起的非洲项目(Africa project)是近年来十分重要的项目，旨在提高芬兰人民对芬兰中小型企业在非洲发展前景的认识。更多信息请访问芬兰贸易、国际化和投资促进总署之非洲项目网站(Finpro, Africa project)(http://www.finpro.fi/web/english-pages/africa)。另一项目旨在发展金字塔底层的移动信息和通信技术(ICT)，与信息促进发展全球论坛(InfoDev)创建的“打造知识经济可持续经营”项目密切合作，该项目得到了芬兰外交部的支持。

这一系列探索发展中国家和金字塔底层市场潜力的项目目前仍在进行中，最新项目是芬兰贸易、国际化和投资促进总署开展的共享经济项目(Weconomy Project)，为有志于拓展金字塔底层市场的公司提供量身定制的企业发展服务。参见芬兰贸易、国际化和投资促进总署之共享经济(Weconomy)启动网站(http://www.finpro.fi/web/english-pages/weconomy)。机构层面的协作网络也在持续发展，芬兰外交部和芬兰就业与经济部和世界银行进行合作，共同致力于开展印度普惠创新项目。

共同合作和相互借鉴的最佳结果

21 世纪初,创新政策制定者意识到新兴和发展中经济体的创新系统对芬兰的发展具有重要意义,而且现在芬兰面临着两大现实挑战:其一,在官方公共创新系统之内几乎不存在任何关于低收入市场和发展中国家创新的业务能力和专业技术;其二,总体上而言,芬兰国内没有明确的政策或改进的政策工具为发展中国家或金字塔底层市场的创新提供支持。但是,在芬兰外交部资助的一系列创新项目和以信息和通信技术为中心的开发合作项目中,小部分针对发展中国家或金字塔底层市场的专业技术应运而生(Ainamo and Lindy, 2013)。

自 2010 年起,从发展中国家的创新中获得的知识和经验在芬兰创新系统的新全球化战略中一直发挥着重要作用。芬兰政策制定者已经找到了切实可行的解决方案,在发达和发展中国家之间建立新型创新合作伙伴关系。

制定发展和创新框架

20 世纪 90 年代后期和 21 世纪前 10 年内,芬兰开展的各种项目均重点关注知识、技能、创新、信息和通信技术对发展的推动作用。上述项目集群整体上以发展合作框架为指导,直到 21 世纪第二个 10 年初才得到创新系统的密切关注或政府机构的支持。

2004 年芬兰发展合作框架中,创新以及信息和通信技术领域出现重要转折,即信息社会和通信技术主题在芬兰发展决策中开始以独立领域的形式出现(芬兰外交部,2004)。第二年,芬兰外交部发布《信息和通信技术与信息社会开发决策指南》,该文件提出知识型社会的概念,进一步拓展了芬兰知识经济模式(芬兰外交部,2005)。该指南明确指出将改变以基础设施和技术为重心的信息社会,强调其主要目标是利用信息和通信技术产生广泛的社会影响。此外,该指南还指出所有发展问题的根本在于获取信息、知识和福利。

2004和2005年度的发展政策指南引用实证说明芬兰已经深刻理解了如何在发展中国家开展创新以及创新在发展中国家中的作用。当时，上述结论仅限于发展政策，并未纳入创新政策中，但是确实已经融入了非常重要的学习和评估实践，最终会对创新政策产生影响。发展政策流程不仅涉及专业技术，同时直接为培训项目提供资助，培训芬兰专家了解如何在发展中国家开展创新。该指南提出了信息社会的概念，并指出信息社会对芬兰的发展至关重要，另外，还就如何与发展中国家建立合作关系提供了很多实例和建议。国家减贫战略应充分利用信息通信技术（ICT）和信息社会战略，以求谋取更多益处，取得进一步发展。实际上，发展政策指南还指出："获得政策和资金支持的合作国家也必须适当关注与信息社会相关的主流活动。"（芬兰外交部2005,13）

在发展中国家创新系统中培养能力

20世纪90年代末期，芬兰在信息社会（IS）以及科学、技术和创新等领域制定了一系列宏伟的项目规划，并在21世纪初期得到稳步发展。此前，芬兰主要通过基础设施规划为上述领域的发展提供支持。同时，芬兰外交部推出了一系列项目，从实践中学习如何开展以信息社会（IS）、信息和通信技术（ICT）以及科学、技术和创新（STI）为重点的合作。相比于技术解决方案本身，上述项目专案更注重战略、管理结构和领导能力，例如电子学习和电子健康。从某种意义上说，芬兰模式特立独行，因为当时其他国家通常以技术解决方案主导项目框架。

芬兰外交部已经开展了众多项目，积累了丰富的实践经验，包括：如何在发展中国家进行创新，发展中国家和芬兰的务实合作模式，以及公私合作对创新的重要性。同时也培养出一大批相关领域的专家，开始影响芬兰创新政策的制定。从这层意义上说，芬兰早年的传统得以延续，此前芬兰在国外开展的林业、医疗以及教育方面的投资援助项目也曾培养出一大批相关领域的专家。

芬兰在发展中国家创新系统内积极培养能力，其中最为重要的举措可能是在南非开展的一系列以信息和通信技术和创新系统为重心的双边项目(COFISA，INSPIRE，SAFIPA)，芬兰和南非政府为上述项目提供资金支持，总投资约为 1 000 万欧元，其中南非政府为项目投资作出了显著贡献(Valjas，Farley and Finlay，2010)。

对南非人民和芬兰人民而言，该项目集群成为双方互相学习的平台，而且也暗含着芬兰在非洲和全球范围内进行拓展的野心。一方面，项目集群促进了南非初期知识经济制度和能力的发展；另一方面，项目集群使得芬兰政府通过实践学习如何开展以信息通信技术和创新为中心的合作。

南非政府明确把强化知识经济制度作为重要的国家发展目标，并向芬兰寻求建议和支持(南非政府，2002)，应其诉求，两国共同开展上述项目。南非政府提出合作时恰逢芬兰将信息通信技术和创新问题纳入发展合作政策中，因此合作项目可以较快地获得融资和专业技术，进行切实规划，同时在实践中不断积累经验。

迄今为止，该项目集群已经运行了 10 年，而且不论是从主题上还是从地域上，该项目均是芬兰发展合作领域中最显著和最突出的知识经济项目集群，其取得的重要成果在国际社会上也享有盛名。更重要的是，该项目集群向南非政府、芬兰外交部、南非人民、芬兰人民和其他的利益相关主体展示了南北双方(North-South)在探索构建创新系统的过程中面临的优势和挑战。

该项目集群为芬兰的创新合作带来了一系列全新工具、干预措施、组织机构和专业人才。最特别的一点在于其催生出用户驱动型创新、共同创造和生活实验室等概念(见专栏 8.3)，旨在促使当地人民和用户在技术和创新产品开发阶段便参与其中，提供建设性意见。上述类型的活动使人们意识到如何在发展中国家开发并引进先进技术、创新产品和创新服务，也促使当地的领军者承担起开发和引进工作，而不是由国际专家承担。事实上，除了在与南非的合作项目中采用该类型的活动外，很多由芬兰政府资助的其他信息通信和创新项目也开展了该类型的活动。

—专栏 8.3

芬兰和南非创新系统合作框架(COFISA):如何与芬兰合作?

芬兰与发展中国家之间的协作以国家协议为基础。协议起草于项目开始之前,协议内容规定和推动协作框架(包括项目专案)的贯彻落实。除了国家协作框架以外,组织机构、非政府组织和企业层面也存在其他的独立项目和计划。

通常协议双方会签署定向协作项目。一般是领域项目(即集中于特定领域,例如农业或医疗卫生),而且有时范围狭小(例如性别平等)。

以芬兰和南非创新系统合作框架为例,由南非政府通过其科技部以及芬兰政府通过其位于比勒陀利亚的芬兰大使馆共同促成。芬兰和南非创新系统合作框架旨在提高国家创新系统效率,助力经济增长和消除贫困。芬兰和南非创新系统合作框架致力于促进国家、省级和农村层面的创新,尤其是撒哈拉以南的非洲地区。芬兰和南非创新系统合作框架内的部分行动包括三个省级前瞻(远见)规划(豪登省、西开普省和东开普省),以创新为首要重心,其次是生物技术。

在该项目框架下,部分项目专案已经处于运营阶段。在芬兰和南非创新系统合作框架中,运营中的项目专案包括通过创造意识和可行性研究助力科技园的发展,为生活实验室提供支持,进而推动农村信息通信技术服务和应用方面的开放型用户驱动式创新。例如,罗德学院和黑尔堡学院于 2002 年末在东开普省成立的 Siyhakhula 生活实验室(SLL)。2008 至 2009 年,芬兰和南非创新系统合作框架对该实验室进行升级。Siyhakhula 生活实验室一直在非洲开拓共同创造和用户驱动型创新的新方法,使新用户群可以广泛参与产品开发并提供建设性意见。从产生伊始,Siyhakhula 生活实验室便致力于推动惠及贫穷和边缘化群体的创新,日益关注社会创新、农村人口和基层创新,更加广泛地利用技术和创新为弱势群体谋福利。正因为如此,Siyhakhula 生活实验室在南非农村地区引进和切实践行共同创造模式中发挥着重要作用。

得益于芬兰和南非创新系统合作框架的催化剂作用,Siyhakhula 生活实验室声名鹊起。其中重要的一项催化作用体现在强化 Siyhakhula 生活实验室与南非省级创新系统之间的联系及其在技术和EL科技园中的作用。在芬兰和南非创新系统合作框架中，Siyhakhula生活实验室旨在提供充足和设备齐全的实验空间，开放创新商业渠道。此外，Siyhakhula生活实验室一直致力于构建生活实验室的区域级网络，而且该实验室一直在南非和国际网络内开展工作。芬兰和南非创新系统合作框架加强了Siyhakhula生活实验室与南非Meraka研究院之间的联系，与南非网络内的新兴生活实验室（由COFISA提供支持）和欧洲网络内的生活实验室也建立起了联系。

机构合作方案（The Institutional Cooperation Instrument）是芬兰和发展中国家高等院校之间开展组织层面协作的范例。芬兰外交部借此机会为高等院校的能力发展筹集资金。其主要目的在于通过协作项目增强发展中国家高等院校在行政管理、领域专业化、方法论和教学法等方面的能力，进而强化发展中国家的高等教育机构。总体目标在于辅助高等教育机构，进而助力于社会发展，构建符合国家发展目标的能力，实现普惠和可持续的发展以及减少贫困。

更多信息请参阅詹姆斯撰写的文章（James，2010，82-85），同时可访问Siyhakhula生活实验室（SLL）网站（http://siyakhulall.org/）和高等教育机构ICI网站（http://www.cimo.fi/programs/hei_ici）。

本案例的观察结论：

- 合同中必须明确规定合作双方的义务和协作内容。协作的实现要求广泛的利益相关方付出长期的努力。
- 为了逐步实现共同的战略目标，必须制定协调一致的系统性的配套措施（计划）。在评估和了解每个国家背景和政策的基础上自下而上地制定项目和项目专案，而不是将现有方案直接转移至其他国家。
- 作为大型协作计划的一部分，生活实验室结构精简且合理，若能有效运作，可以促进跨学科发展和开放型创新。
- 实施过程中随时可能面临挑战。在这种情况下，注重学习过程本身而不是具体结果十分重要。

芬兰为全球信息和通信技术（ICT ）以及科学、技术和创新（STI）规划作出的最突出贡献可能是世界银行的信息促进发展全球论坛项目（World Bank's InfoDev Program）。该项目旨在培养发展中国家信息和通信技术领域的创业和创新精神。该项目展示了在发展中国家采用公私合作形式支持创新的可能性和实际管理。在芬兰，知识方面的合作集中于移动应用、私营部门的发展和私营部门的直接参与，其中最为显著的是诺基亚集团。诺基亚为该计划提供商务和创新技术，帮助其建立孵化器，辅助中小企业发展。正如项目文件中所述，诺基亚将"以临时调任经理和顾问委员会等形式为移动应用概念和实验室提供营销和技术方面的专业知识；为诺基亚区域研究中心的移动领域企业家提供培训课程内容；推荐经过移动应用实验室试验且可以从中盈利的应用；在选定的非洲城市内协助发展社交中心"（芬兰外交部，2009）。当芬兰国内的专家和知识资源较为稀缺时，信息促进发展全球论坛（InfoDev）为芬兰外交部提供相应渠道求助于由全球的专家和知识资源构成的网络。然而该项目也表明在以激进的技术变革为显著特征的领域开展公私合作会遇到一些困难：2011 年初，诺基亚彻底放弃塞班系统，全面转向 Windows 系统，对塞班移动应用的早期开发者造成了重大影响。

小结和关键信息

21 世纪头十年以来，发展中国家和新兴经济体的发展成为全球经济增长的核心动力，而这些国家和发达国家之间的关系也随之发生变化。发达国家经济增长缓慢，在其他财务问题上也深陷困境。在这逐渐明晰化的转变中，中心议题是"新一轮全球化"（本书的称法），具体是指瞄准发展中国家低收入市场创新产业的日益发展。很多国家已经采取相关措施重新定位私营部门在全球减贫中的角色，着重强调其抓住变革机遇的能力以及帮助降低低收入人群对政府救济的依赖性。考虑到以上种种因素，涌现出众多针对低收入市场发展商业和创新产业的新模式。

在低收入市场中成功发展和引入创新产业，或为低收入市场成功开发创新产业，需要深刻理解高度多样化的用户需求。对于发展中国家而言，这种现象可能会为其提供新的竞争优势，可以抓住机遇改善其国家创新生态系统，加强能力建设，与创新领导者共同建立新型的全球网络。对于发达国家而言，其面临的挑战是重新定位传统国际化战略，和发展中国家的合作伙伴一道共同建立新型的创新协作模式。

发展中国家和新兴经济体的发展是全球经济增长的主要来源，发展中国家和新兴经济体的部分市场发展非常迅速，这些都在重塑全球化的流程，包括创新领导者和努力赶超的竞争对手之间的关系。各国的国际化导向逐渐发生变化，但是其转变不可避免地会涉及各种不同流程。在富国创新系统的全球业务中，新兴经济体和发展中国家的重要性日益增长，而至于其重要程度是否会带来重大和持久的改变还有待观察，但可以确定的是关键转折点已经到来。全球各地的企业、大学和政府愈加重视创新产品和服务的发展，尤其是有望在全球低收入市场中获得成功的创新产品和服务，也已经意识到让目标用户参与创新流程的重要性。

新型全球创新网络为发达国家和发展中国家带来了各自的机遇和挑战。不论是发达国家还是发展中国家都需要采取综合政策战略，以便从中受益。

目前的全球创新领导者，如芬兰等，需要重新评估其整体的国际化战略和模式，制定新政策，发展新能力，采用新工具，以促进协作创新并充分考虑高收入国家和低收入国家的实际情况，推动适当商业模式的发展。需要采取的措施可能包括以新型公司为目标，例如重视芬兰中小型企业的发展；在金字塔底层企业和创新领域培养大批专家；引进目标明确的全新工具，例如在FinNode网络内开展金字塔底层市场活动。上述战略、方法和工具将会进一步巩固现有公共政策，进而支持国际化战略，而不是加以取代。目前，在国家的整体国际化战略中，上述战略、方法和工具尚未占据重要地位。

对于新兴经济体和发展中国家而言，低收入市场可能会为其带来新的竞争优势。全球的企业、大学和政府竞相了解其市场，并根据其需求和偏好发展相应的创新产品和服务。政府意识到这方面的发展并利用该机遇充分挖掘国家创新系统和能力的潜力,这一点非常重要。

参与协作创新的前提是互惠互利。在这方面,发展中国家通过采用开放政策和加强与其他国家的合作可以收获颇多益处。但是精心规划的政策和法规必须到位,以确保不受剥削和有害做法的影响。更重要的是,可能也更难的是设计有利于提升发展中国家创新系统和能力的政策和实践。

众多发展中国家与富国建立伙伴关系并协作创新,而发展中国家从中受益的最佳方式便是落实积极的和富有前瞻性的创新政策,如可以为当地带来裨益的政策贯彻工具等。这可能包括:积极主动的探索,选择国际合作伙伴,在当地成立强大生活实验室的愿景和战略,协调合作活动,制定更广泛的社会目标以及合作项目的高等教育课程计划等。全球各地的企业和大学都在寻求为低收入市场开发创新产品和服务的最佳契机,而各国政府可以发挥关键作用,创造为低收入群体发展创新产业的良好环境。

全球各处的企业和大学为低收入市场开发和营销新产品和新服务的兴趣不断升温,而发展中国家开展国际交流的层次和水平直接影响着其从中受益的程度。在发达国家中,越来越多的市场参与者对为低收入市场开发技术、产品和服务产生兴趣,而这可能会致使发达国家和发展中国家建立新型的伙伴关系,不再局限于传统的供应一接受合作关系。

新型创新合作伙伴关系的希望和未来取决于共同的利益。发达国家需要学习(很容易低估需要学习的量)在低收入市场中开发和引入创新产品和服务,而发展中国家需要提升其创新生态系统和能力。然而,为增加创新产业的发展势头,建立这样的协作机制需要花费一定的时间,也需要发达国家和发展中国家制定大量的相关政策。专栏 8.4 概述了第八章中的关键信息。

——专栏 8.4

关键信息

• 发达经济体的传统角色以及新兴经济体和发展中国家的传统角色正在迅速改变。这种发展促使芬兰等创新领导者重新考虑其针对发展中国家的战略和方法。

- 发展协作关系是共同学习的过程，期间双方都应积极发挥各自的作用。成功地贯彻落实知识经济伙伴关系以深刻理解用户需求为前提。
- 各种协作项目的角色应该被视作相互协调的系统性的配套设施，引导双方逐步实现共同的战略目标。

参考文献

Aiginger, K., P. Okko, and P. Ylä-Anttila. 2009. "Globalization and Business: Innovation in a Borderless World Economy." In *Evaluation of the Finnish National Innovation System: Full Report*, edited by R. Veugelers, K. Aiginger, D. Breznitz, C. Edquist, G. Murray, G. Ottaviano, A. Hyytinen, A. Kangasharju, M. Ketokivi, T. Luukkonen, M. Maliranta, M. Maula, P. Okko, P. Rouvinen, M. Sotarauta, T. Tanayama, O. Toivanen, P. Ylä-Anttila, 105-145. Helsinki: Taloustieto Oy.

Ainamo, A., and I. Lindy. 2013. "Lähetysseurasta kaupan tueksi: Suomalaisen kehitysyhteistyön institutionaalinen historia." Yhteiskuntapolitiikka 78 (1): 65-80. Ali-Yrkkö, J., and C. Palmberg, eds. 2006. *Finland and the Globalization of Innovation*. Helsinki: ETLA.

Foster, C., and R. Heeks. 2013. "Analyzing Policy for Inclusive Innovation: The Mobile Sector and Base-of-the-Pyramid Markets in Kenya." *Innovation and Development* 3(1):103-119.

Government of South Africa. 2002. "South Africa's National Research and Development Strategy." Department of Science and Technology, Pretoria.

Halme, M., and T. Lehtonen. 2012. "Osallistavat innovaatiot BOP markkinoilla." Policy Brief 3/2012, Tekes, Helsinki.

Hart, S. L. 2010. *Capitalism at the Crossroads: Next Generation Business Strategies for a Post-Crisis World*. 3rd ed. Upper Saddle River, NJ: Wharton School Publishing.

James, T. ed. 2010. *Enhancing Innovation in South Africa: The COFISA Experience*. Pretoria: Department of Science and Technology.

Lundvall, B.-Å., J. Vang, K. J. Joseph, and C. Chaminade, eds. 2009. "Innovation Systems Research and Developing Countries." In *Handbook of Innovation Systems in Developing Countries: Building Domestic Capabilities in a Global Setting*. Cheltenham: Edward Elgar.

Ministry for Foreign Affairs. 2004. "Development Policy." Government Resolution 5.2.2004, Ministry for Foreign Affairs, Helsinki.

——2005. "Development Policy Guidelines for ICT and the Information Society." Ministry for Foreign Affairs, Helsinki.

——2009. "Joint Program: Creating Sustainable Business in the Knowledge Economy." Draft program document, Ministry for Foreign Affairs, InfoDev, and Nokia, Helsinki.

OECD (Organisation for Economic Co-operation and Development). 2012. *Economic Outlook* 2012/1. Paris: OECD.

Prahalad, C. K. 2010. *The Fortune at the Bottom of the Pyramid: Eradicating Poverty through Profits*. 5th ed. Upper Saddle River, NJ: Wharton School Publishing.

Prime Minister's Office. 2004. *Strengthening Competence and Openness: Finland in the Global Economy*. Interim report. Helsinki: Prime Minister's Office.

Ramani, S. V., G. S. Sadre, and D. Geert. 2012. "On the Diffusion of Toilets as Bottom of the Pyramid Innovation: Lessons from Sanitation Entrepreneurs." *Technological Forecasting and Social Change* 79(4): 676-87.

RIC(Research and Innovation Council). 2010. *Research and Innovation Policy Guidelines for* 2011—2015. Kopijyvä Oy. http://www.minedu.fi/export/sites/default/OPM/Tiede /tutkimus-_ ja _ innovaationeuvosto/julkaisut/liitteet/Review2011—2015.pdf.

STPC (Science and Technology Policy Council). 2003. *Knowledge, Innovation, and Internationalization*. Helsinki: STPC.

——2006. "Science, Technology, and Innovation." STPC, Helsinki.

Toivanen, H. 2011. "Finnish-Brazilian Research Collaboration and Strategic Interests: Bibliometric Analysis." Paper presented at "Innovation Potential and Possibilities in Brazil and Africa." Espoo, Finland. September 26. http://www.vtt.fi/sites/i4d/i4d_smartseminar.jsp? lang=en.

Toivanen, H., and B. Ponomariov. 2011. "Regional Aspects of the African Innovation System: Bibliometric Analysis of Research Collaboration Patterns, 2005—2009." Scientometrics 88(1): 471-493.

United Nations. 2013. *Human Development Report*, 2013: *The Rise of the South; Human Progress in a Diverse World*. New York: United Nations, Department of Political Affairs.

Valjas, A., S. Farley, and A. Finlay. 2010. "South Africa: Evaluation of Programs in Science, Technology, and Innovation and in Information Society." Ministry for Foreign Affairs, Helsinki.

Wells, P. 2013. "The Tata Nano, the Global 'Value' Segment, and the Implications for the Traditional Automotive Industry Regions." *Cambridge Journal of Regions, Economy, and Society* 3(3): 443-457.

World Bank. 2011. *Global Development Horizons*, 2011: *Multipolarity, the New Global Economy*. Washington, DC: World Bank.

第九章　结论和经验教训

基莫·哈尔默　卡勒·比拉宁　韦莎·萨米宁

20世纪50年代，芬兰经济以农业为主；20世纪末，该国已经成为以知识为基础的领先经济体之一。芬兰经济的成功转型鼓舞了许多经历类似变化的发展中国家。本书旨在分析和阐述芬兰的转型历程、由此引发的问题以及转型对政府政策和结构的影响。

向知识经济转型的长过渡期仍在继续，呈现出新的形式，为政府治理和政策带来了全新的挑战。其中最为突出的是全球化和创新的本质要求——更广泛的协作——带来的挑战。我们将这种新模式称为芬兰知识经济2.0。

商业和经济需求在很大程度上推动着芬兰知识经济的发展；同时，公共政策和政府措施也是发展的重要助推剂，在某些方面发挥着核心作用。本书各章节从决策者的角度描述和分析了芬兰知识经济的发展，为其他国家提供经验教训以供借鉴。根据我们的经验，知识经济的成功应首先归功于有意识的政治选择和努力，同时自始至终贯彻符合内在要求的公私协作模式。

从芬兰模式中可以总结出若干经验教训，本书将其分为六大模块：①洞悉和应对挑战（实现振兴的能力）；②把握教育的重要意义；③建立有效的治理和监督机制；④全面贯彻落实创新政策；⑤监测和评估投资；⑥与发展中国家建立知识伙伴关系（见图9.1）。

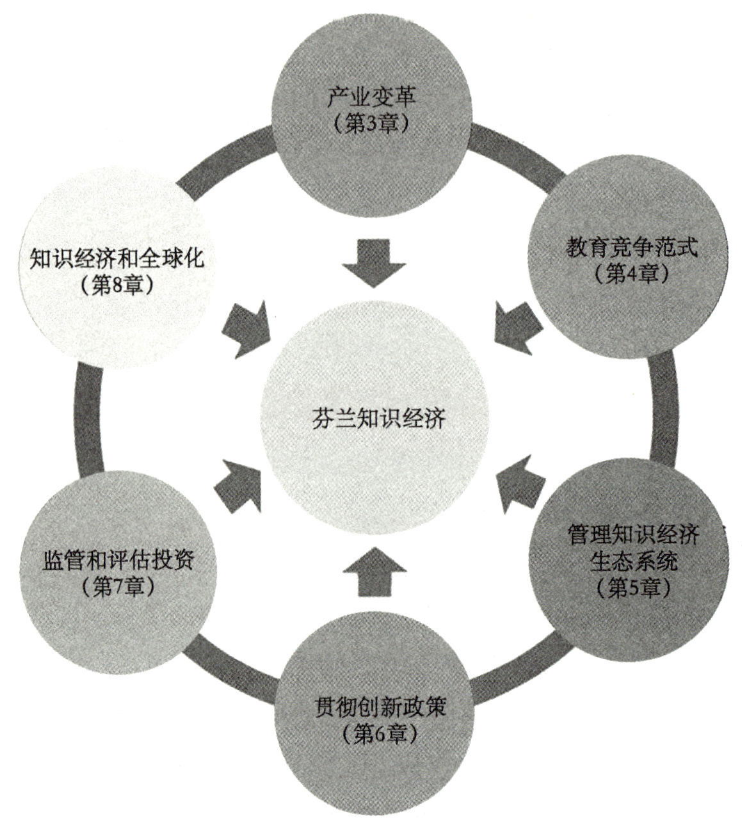

图 9.1 芬兰知识经济模块

从全球趋势认识挑战

经济危机和结构转型对融入全球市场的所有经济体都造成了重大影响。因此,把握全球趋势和抓住转变机遇对于政策规划十分重要。国家的命运取决于其如何做好应对挑战的准备。在变革时期,国家系统(研究、创新、教育和经济政策)必须为即将到来的转型做好准备。国家不能将重心置于某一个经济部门,必须制定备用方案。芬兰经济一直依赖于单一产业和企业,即信息与通信技术和诺基亚,但是如今诺基亚昔日的辉煌已不复存在,而其他企业已经火力全开。

政府的直接干预难以创造有利的创业条件，但是正如本书所示，公共部门可以采取各种措施营造理想的环境，支持多种形式的创业并且鼓励创新型公司在国际市场上寻求增长。本书以下列实例展示了芬兰政府的举措：创新工厂（专栏 3.2）、维哥（Vigo）商业加速器（专栏 6.2）和开放的德莫拉（Demola）创新平台（专栏 3.3）。

教育竞争范式

一个国家要实现向知识经济模式的转型必须通过全面和普惠的基础教育外加职业培训和高等教育，以扩大其知识库和人力资源。这就要求社会中的所有参与者长期进行系统化投资并且承担相应的义务。

芬兰的知识经济建立在男女教育水平普遍较高的基础之上。芬兰教育系统的核心在于其全面性、机会平等性、高学历教师、终生学习政策和适应新劳动力需求的灵活性。

芬兰的教育强调适应新技能需求的重要性。未来，政府必须采取措施解决人口老龄化带来的问题和需求，提高教育系统的效率，加快转型步伐，缩短学习周期。全球劳动力市场的日益扩大也亟需加强国际合作，形成相关模式以预测未来的教育和技能需求，以及教育领域和私营部门更密切的协作。阿尔托大学（专栏 4.5）和阿尔托工厂（专栏 4.6）阐明了芬兰针对上述方面开展的部分最新项目计划。

管理知识经济生态系统

在诸如芬兰这样资源有限的国家内，从国家战略的制定到付诸实践，所有参与者达成共识、广泛参与并且共同协作至关重要，尤其是在全球竞争日益激烈的背景下。芬兰知识经济模式的主要特点在于广泛动员，全民参与制定教育、研究和创新政策议程。芬兰能够就采取国家战略发展知识经济的重要性达成广泛和长期共识。此外,政府、议会和不同机构从长远角度出发,利用远期规划(前瞻)过程为政策的制定提供支持(见专栏 5.8)。从更加实用的层面而言,其他国家也应对如何战略性地协调教育、研究和创新政策,尤其是通过级别高的机构予以协调(例如研究和创新委员会,见专栏 5.4)进行更加细致的考察。

行之有效的创新政策

战略选择和政策的成功落实离不开结构合理的执行和资助机构。很多国家旨在寻求战略概述和可行的多样化研究和创新社区相结合的模式,而芬兰分散式的政策贯彻模式(正如专栏 6.3 的专业技术中心、创新城市和卓越中心计划所述)和集中式的财政资源(例如专栏 6.1 的 Tekes 和芬兰国家科学院)相结合的发展模式应该对其具有重要的借鉴和启发意义。但是在政策工具的有效性方面,芬兰的发展模式也引起了人们的思考,原因在于区域发展的包容性带来了一些负面影响,例如效率较低或投资回报较少等(见专栏7.2:芬兰国家技术创新局的影响力评估)。

创新政策的贯彻要求实现跨部门的协作,而科技与创新战略中心的成立与运转是芬兰应对该需求的重要举措。总而言之,尽管芬兰的创新系统远非完美,但是芬兰的经历提供了大量的经验教训和启示,尤其是在透明性需求、职责角色分工明确以及在贯彻落实(第六章)、规划引导(第五章)和监管评估(第七章)之间寻求平衡等方面。

监管和评估投资

保证制定政策的有效性既需要政策本身重点突出,又需要高效地贯彻实施。在实践中，提高政策干预有效性的主要方式包括：系统性的监管和评估；政策制定者愿意借鉴自身和他人的经验教训并根据具体情况调整政策。另外，监管和评估对提高整个系统的透明性和合法性至关重要。

芬兰模式的主要经验教训可以归纳为5个要点。其一，投资建设具有长远利益的评估机制，既具备开放性又具有批判性：如果评估做不到真正切实地有见地，做不到公开征集批评意见，那么便很难从经验中学习教训和启示。其二，全面而可信的基本数据是所有评估的基础。其三，将政策学习纳入政策结构中至关重要（例如，政府引导文件、关键业绩指标以及国际出访基准等）。其四，在总结经验教训时，相关证据和政治议程应分开阐述。其五，应事先认真规划评估和监管工作。

知识经济和全球化

发达经济体以及新兴经济体和发展中国家的传统角色正在迅速转变。新兴和发展中经济体不再只是发达经济体的市场资源，而是真正的协作和知识共享伙伴。越来越多的创新源自于传统的发达经济体以外的其他国家。这种发展促使芬兰等创新领导者重新考虑其针对发展中国家的战略和方法。芬兰在贯彻该模式的过程中从发展中国家和新兴经济体的创新系统中受益匪浅。实际上，发展协作关系是共同学习的过程，期间双方都应积极发挥各自的作用。此外，深刻理解用户需求也至关重要。

结语

在许多方面芬兰并不是一个典型的范例国家，因此其他国家在考虑本书中描述的实践和经验教训的适用性时必须清楚认识到芬兰模式的一些特点和背景问题，这一点非常重要。把握背景环境框架并理清为何干预措施可以在此背景条件下发挥作用也十分关键。芬兰模式的特点还包括：

- 强大的社会凝聚力和人口结构的同源同种族情况。
- 对社会中权力分配不平等尤其是主观滥用权力（权力差距小）的低容忍度，提倡直接公开的交流文化氛围，甚至是陌生人间的协议也十分可信，同时高度重视可靠性和"交付性"，社会联系相对较少依赖于个人和家庭关系（低语境以及特定的"交易导向型"文化；参见诺马克（Normark，2013）。
- 严格依法治国，治理有序，腐败程度非常低，公共机构总体信誉良好。
- 国土面积狭小，地理和文化差异小。
- 北部地区（部分位于北极）的环境不适宜发展农业，除了林业之外，其他可供开发利用的自然资源较少。
- 战后迅速恢复，并且把大型经济体（俄罗斯联邦）作为主要的出口市场。
- 完善的公共部门体系，包括全民享受卫生医疗和教育的福利国家以及广泛的研究、开发和创新政策，得益于相对高额的税收支持，强大的社会凝聚力和芬兰民众对政府机构的信任。
- 广泛的劳工组织以及工会在政治事务中一直扮演非常重要的角色。
- 核心目标是通过社会凝聚力达成广泛的（政治）决议共识。
- 信息和通信技术部门发挥了显著的作用，尤其是自 20 世纪 90 年代起。
- 全力面向全球化，尤其是自 1995 年加入欧盟之后。

其中最为有趣的一点在于芬兰同源的人口结构、强烈的民族认同感与社群意识、良好的治理和共识文化之间相互作用，共同推动芬兰建立大型公共部门及征缴税收的合法化。其重要之处在于企业缴纳的税收有助于政府制定和实施全面的知识经济和研究、开发与创新政策。另一点在于芬兰的政策一直保持稳定，在国内外均享有信誉。这种稳定性一部分得益于共识。实际上，芬兰知识经济的运作模式表现为公私合作、中央和地方结合以及跨部门协作，建立于独特的"社会资本"形式、国家统一和信任关系（甚至是互不相关的人群或者个人交际圈）基础之上。

如上所述，芬兰的知识经济经历了独特的发展过程，可能不适合直接应用于其他国家，尤其是发展中国家。不具备这种社会资本的国家难以直接复制芬兰模式，或者达不到预期效果。因此，借鉴本书中所提供的经验教训和范例时，必须更加深入地对每个案例的可行性进行评估。但是，在世界其他地方也有类似的发展案例，尤其是在亚洲：20 世纪 80 年代崛起的“日本奇迹”和如今的东亚奇迹。

纵然芬兰模式具有其特殊性，但是从中获得的经验教训为政策制定者列出了一系列需要考虑并且解决的问题。当然，恰如其分地仔细考虑和调整是十分必要的。有关政策实施的现实案例可能是本书中最有趣和最有用的部分。因此，我们在阐述每一个政策领域时都提供了实际案例。在此重申，这些案例并不是理想范式或者可以直接复制，而是作为发展、调整和构建的灵感来源和示例。

经验教训

从长远角度审视芬兰的经济转型，尤其是知识经济的最新发展，可以提取出一些主要信息。就政策规划和治理而言，下列方面最为重要：

- 作为发展知识经济的基础，芬兰在构建教育系统方面投入了大量的时间和资金。这一点特别适用于发展中国家。
- 决心制定发展知识经济的政策和战略非常重要。在政策的准备和贯彻落实阶段，芬兰模式的特殊之处在于利益相关者达成共识的系统性机制。
- 展望未来（远期规划）以及适时调整政策、治理和工具对于社会变革和经济增长而言是不可或缺的（即使是身处危机之时）。因此，政策和治理模式应十分灵活，并且能够实现相互促进和横向协作。
- 芬兰知识经济战略巧妙地与大型企业实现对接并加以利用。在各部门中，信息与通信技术部为芬兰的发展做出了重要贡献。
- 政府在知识经济的发展中发挥积极作用（担任协调者和促进者），赋予执行机构和区域或者省级机构极大的自由，保证战略的有效贯彻落实。
- 特别重要的一点是芬兰政府资金为实现增长、发展、协作、转变和竞争提供了重要动力。巧妙的资助机制十分重要，长期以来具为推动和管理经济转型做出了重要贡献。

教育尤为重要。凯基内恩(Kokkinen, 2012)指出，芬兰从贫穷的农业社会转型成为领先的知识经济体，其中最主要的因素在于通过教育开发人力资源，推动交流和贸易，采纳并吸收新知识，最终促进创新。在东亚国家，稳定的经济投资、良好的治理和能力建设孕育出经济“奇迹”(Johnson, 1982; Stiglitz, 1996; Kniivila, 2007; Kokkinen, 2012)。教育的重要性在于建立民众对公共机构和有序治理的信任，从而保证相关机构和部门的合法性以及开展项目的能力。

何处以及如何学以致用

在实际应用中，自然要认真考虑这些经验和教训的适用性，并需要根据每种特殊情况的具体需求进行调整。但是，有些情况下可以采取多种方式应用其经验教训。

芬兰模式为所有经济体的政策制定者带来了很多启示，即致力于实现与知识经济相关的社会价值和目标会带来丰厚的回报；同时也为制定知识经济政策和战略提供了一些参考案例。其中尤为实用的一点在于对下列问题的反思：芬兰政策背后的原理；随着时间的推移，政策理念是如何演变并因势而变的。

对于政府官员而言，学习并以芬兰治理模式、制度结构和职责分工作为基准十分有用，尤其是在以下方面：关于如何建立相关机制以提高系统内部协作；以及如何评估相关机制对本国、本国内的区域或组织的有效性和适用性。

对于促进知识经济发展的践行者而言，例如捐赠和资助机构，本书会解释芬兰政府应对挑战的方法举措以及背后的原因。这将有助于他们将芬兰经验与实践和自己国家进行对比，以探索本国可以采用的所有模式和借鉴的所有经验。

本书不具有任何学术研究或分析目的。但是，对于学者、研究人员和政策分析师而言，本书旨在阐明芬兰政策的背景并描述“芬兰案例”，尤其将芬兰与其他经济体、政府政策和增长方式进行对比。

对于公司、非政府组织和创新中介等团体而言，我们希望芬兰的案例能够充分凸显每个合作伙伴在知识经济的共同发展中发挥的积极作用，无论是政府、私有部门、学术界还是其他主体。

参考文献

Johnson, C. 1982. *MITI and the Japanese Miracle: The Growth of Industrial Policy*, 1925-1975. Stanford, CA: Stanford University Press.

Kniivilä, M. 2007. "Industrial Development and Economic Growth: Implications for Poverty Reduction and Income Inequality." In *Industrial Development for the 21st Century: Sustainable Development Perspectives*, edited by J. A. Ocampo, 295-333. New York: United Nations, Department of Economic and Social Affairs.

Kokkinen, A. 2012. *On Finland's Economic Growth and Convergence with Sweden and the EU15 in the 20th Century*. Research Report 258. Helsinki: Statistics Finland. http://tilastokeskus.fi/tup/julkaisut/tiedostot/978-952-244-334-2.pdf.

Nørmark, D. 2013. *Cultural Intelligence of Stone-Aged Brains: How to Work with Danes and Beyond*. Copenhagen: Gyldendal Business.

Stiglitz, J. E. 1996. "Some Lessons from the East Asian Miracle." *World Bank Research Observer* 11(2): 151-177.

参与者及相关链接列表

中心与机构	链　　接
战略与政策层面	
教育与文化部	http://www.minedu.fi/OPM/? lang=en
就业与经济部	http://www.tem.fi/? l=en
外交部	http://formin.finland.fi/english
总理办公室	www.vnk.fi/english
研究与创新委员会	http://www.minedu.fi/OPM/Tiede/tutkimus-ja_innovaationeuvosto/? lang=en
政府前瞻报告(在线)	http://tulevaisuus.2030.fi/en/
资金和贯彻执行机构	
芬兰科学院	http://www.aka.fi/en-GBM/
经济发展、交通和环境中心	http://www.ely-keskus.fi/en/web/ely-en/
芬兰产业投资公司	http://www.industryinvestment.com/home
芬兰官方出口信贷机构	http://www.finnvera.fi/eng
芬兰贸易协会	http://www.finpro.fi/web/english-pages
芬兰科技创新战略中心	http://www.shok.fi/en/
芬兰国家研发基金	http://www.sitra.fi/en
芬兰工作组	http://www.teamfinland.fi
芬兰国家技术创新局	http://www.tekes.fi
维哥企业加速器	http://www.vigo.fi/frontpage
机构和研究组织[a]	
芬兰发明基金会	http://www.keksintosaatio.fi/en
政府经济研究机构(VATT)	http://www.vatt.fi/en/

（续表）

中心与机构	链　　接
国家教育委员会	http://www.oph.fi/english
国家专利与注册委员会	http://www.prh.fi/en/index.html
芬兰经济研究机构(ETLA)	http://www.etla.fi/en/etla/
芬兰统计局	https://www.tilastokeskus.fi/index_en.html
芬兰技术研究中心(VTTA)	http://www.vtt.fi/? lang=en
平台和开放式创新	
企业家阿尔托中心(ACE)	www.ace.aalto.fi
阿尔托工厂	http://www.aalto.fi/en/about/factories/
德莫拉	http://www.demola.fi/
赫尔辛基论坛	http://www.forumvirium.fi/en
创新工厂	http://www.openim.fi/eng/services.php
新工厂	http://newfactory.fi/about
普罗特莫	http://www.protomo.fi/
寻塔莫	http://www.suuntaamo.fi
统计数字和基本信息	
国际移动中心(CIMO)	http://www.cimo.fi
数字化芬兰(芬兰统计局)	http://tilastokeskus.fi/tup/suoluk/index_en.html
芬兰教育评估委员会	http://www.edev.fi/portal/english5
芬兰通信和远程信息联合会(FiCom)	http://www.ficom.fi/ict/index.html
芬兰高等教育评估委员会(FINHEEC)	http://www.finheec.fi/en
芬兰信息安全集群	http://fisc.fi/
芬兰预科考试	http://www.ylioppilastutkinto.fi/en/
芬兰科技信息服务网	http://www.research.fi

（续表）

中心与机构	链　接
芬兰的基本信息	http://www.finland.fi
芬兰的主要社会指标	http://www.findikaattori.fi/en
Neogames（芬兰游戏产业协会）	http://www.neogames.fi/en/
芬兰的教师教育	http://www.oph.fi/english/education/teachers/teachers_in_general_education
全球，指数	
OECD 美好生活指数	http://www.oecdbetterlifeindex.org
世界银行研究所	http://wbi.worldbank.org/wbi/
世界银行，知识经济指数	http://info. worldbank. org/etools/kam2/KAM_page5.asp
世界经济论坛，竞争力	http://www.weforum.org/issues/global-competitiveness

a. 其他公共资助研究部门和机构包括：芬兰环境局、芬兰食品安全管理局（Evira）、芬兰大地测量研究所、芬兰气象局（FMI）、芬兰地质调查局、国家卫生与福利研究局、国家消费者研究中心、MTT 芬兰农产品研究所、芬兰森林研究所（Melta）、国家法律政策研究所、游戏和渔业研究所。芬兰教育与文化部网站上列举了一系列高等院校和工科学院。